W0061142

Barbara Hahn

Hannah Arendt – Leidenschaften, Menschen und Bücher

BERLIN VERLAG

INHALT

Wie kann jemand zum Denker werden
9

Das mörderische Alphabet
21

Die Titel der Dinge sind das fürchterlichste
43

Ein Kuß auf der Brücke
61

Gedanken. Gedichte
83

Und es geschah
105

Anhang
125

*Aus Gesprächen, Korrespondenzen, Begegnungen
mit Marton Dornbach, Jim McFarland,
Ingeborg Nordmann, Thomas Wild*

»Does something exist,
not in outer space
but in the world and the affairs of men on earth,
which has not even a name?«

Hannah Arendt, Between Past and Future

WIE KANN JEMAND ZUM DENKER WERDEN,

wenn er nicht mindestens den dritten Theil jeden Tages
ohne Leidenschaften, Menschen und Bücher verbringt?«[1]
Friedrich Nietzsches Aphorismus aus *Menschliches. Allzumenschliches* von 1878 könnte über dem Eingang zu einem
Raum stehen, den sich Hannah Arendt mit ihrem *Denktagebuch* geschaffen hat. Als diese Aufzeichnungen 2002 erschienen, öffnete dies einen neuen Zugang zu ihren Texten. Nun
erst wurde deutlich, wie eng verknüpft das Netz aus Publikationen, Briefen und Aufzeichnungen ist, das Hannah
Arendt hinterließ. Nur im Zusammenspiel dieser so unterschiedlichen Denk-, Schreib- und Publikationsorte konnte
sich Hannah Arendts ungewöhnliche Produktivität entfal-
ten. Kein Ort durfte fehlen. Für die Auftritte in der Welt, sei
es als Lehrende oder Autorin, brauchte es als Gegenpol den
geschützten Raum des *Denktagebuchs*, in dem sich das »al-
terslos denkende Ich«[2] ins Gespräch mit dem Ich vertieft.
Für die Ausflüge in politische und literarische Öffentlich-
keiten brauchte es Freunde, die über die Tugend der »Tap-
ferkeit vor dem Freund«[3] verfügten und beides zu geben bereit waren: Unterstützung und Kritik. Verbunden sind diese
Räume manchmal durch Türen, um im Bild zu bleiben.
Manchmal liegen Abgründe zwischen ihnen. Jeder Raum

wird durch eine andere Zeit geprägt: zeitlos der Raum des *Denktagebuchs*; immer auf einem Stück gemeinsamen Weges gründend der Raum der Freundschaft, denn »Freundschaft ist wesensmässig abhängig von ihrer Dauer – eine zwei Wochen alte Freundschaft existiert nicht«[4]. Wieder anders strukturiert die Zeit, die die theoretischen Texte ausschreiten. Sie suchen das, was nach dem Traditionsbruch des 20. Jahrhunderts noch Bestand hat. Ganz in der Gegenwart die politischen Texte.

Durch diese Räume bewegen sich auch die vorliegenden Versuche. Geschrieben sind sie im Modus des Wanderns und Anhaltens – bei scharf formulierten Thesen, bei Varianten und Wiederholungen von Gedanken, bei auf den ersten Blick ganz unwichtigen Abschweifungen. Bei allem, was die Aufmerksamkeit auf sich zieht – aus welchen Gründen auch immer.

∼

Hannah Arendt hat ein Erbe hinterlassen. Eines ohne Testament, wie man in Hinblick auf ihr Buch *On Revolution* von 1963 sagen könnte. Dem letzten Kapitel ist ein Aphorismus von René Char vorangestellt: »Notre héritage n'est précédé d'aucun testament« – unsere Erbschaft wurde »uns von keinem Testament hinterlassen«.[5] Nicht dieser »moderne französische Dichter aus der Résistance«[6] steht ihr zur Seite, wenn sie ein paar Jahre später noch einmal von dem Erbe spricht, das uns, den Nachgeborenen, übergeben wird. Dieses Mal soufflieren Friedrich Nietzsche und Bertolt Brecht: »Mögen diejenigen, die nach uns kommen, wenn sie unseres Jahrhunderts und seiner Menschen gedenken und ihnen die Treue zu halten versuchen, auch der verwüstenden Sandstürme nicht vergessen, die uns alle, jeden auf seine Weise, umhergetrieben haben«.[7] Geschrieben im September 1969, zu Martin Heideggers achtzigstem Geburtstag. Veröffentlicht erst 1976, als beide, Schreiberin und Adressat, nicht mehr lebten.[8]

Ein Aphorismus von René Char, Anspielungen auf Friedrich Nietzsches *Also sprach Zarathustra* sowie Bertolt Brechts »An die Nachgeborenen« – ein unwahrscheinlicher Chor von Texten, den Hannah Arendt arrangiert, um von Hinterlassenschaften zu sprechen.[9] Warum sollten wir der Menschen dieses furchtbaren vergangenen Jahrhunderts gedenken, warum ihnen gar die Treue halten?[10] Und wenn wir es wollten, wie könnten wir es tun?

Ende 1969 schreibt Hannah Arendt einen Brief an Martin Heidegger. Sein Beginn ist ebenso unwahrscheinlich wie der eben vernommene Chor: »Schönes, weißes, ruhiges Weihnachten 1969.«[11] Und wieder wird eine Flaschenpost an die Nachwelt geschickt: »›Das Ende der Philosophie‹: wenn wir über die nächsten paar Jahrzehnte einigermaßen heil hinwegkommen, was keineswegs gesagt ist, wird sich erst herausstellen, wie viel Gutes dies Ende hat und wie viel Gutes es denen, die nach uns kommen, hinterläßt.«[12] »Wir« – damit sind sicher nicht nur Arendt und Heidegger gemeint; beide hatten 1969 nach menschlichem Ermessen keine »Jahrzehnte« mehr vor sich. »Wir« – damit sind auch die angesprochen, die nach ihnen kamen. »Die nächsten paar Jahrzehnte« sind inzwischen ins Land gegangen. Sind wir »einigermaßen heil« über sie hinweggekommen? Hat sich herausgestellt, wieviel Gutes das »Ende der Philosophie« barg?

∼

Knapp drei Jahre nach dem Ende des Zweiten Weltkriegs erschien das erste Buch, das Hannah Arendt nach ihrer Flucht aus Deutschland im Frühjahr 1933 auf deutsch, in ihrer Muttersprache, veröffentlichte. Sein schlichter Titel spielt auf die Sprachen der Emigration an: *Sechs Essays*. Kein erläuternder Untertitel verrät, wovon in diesen Texten die Rede ist. Auftakt ist ein Brief an Karl Jaspers, den »lieben Verehrtesten«: »Angesichts dessen, was geschehen ist, zählt die Verführung, seine eigene Sprache wieder schreiben zu dürfen, wahrhaftig nicht, obwohl dies die einzige Heimkehr aus dem Exil ist, die man nie ganz aus den Träumen verbannen kann. Aber wir Juden sind nicht oder nicht mehr Exilanten und haben zu solchen Träumen schwerlich ein Recht.«[13]

Was geschehen ist, bedeutet einen so tiefen Bruch, daß die Schreiberin nicht einmal im Traum an Rückkehr nach Deutschland denkt. Bereits mit dieser Wendung ist eine so große Distanz zu diesem Land geschaffen, daß die Adressierung an Menschen dort um so schärfer zum Problem wird. Dort muß jemand wohnen, der die Stimme der Emigrantin hören kann. Der um den Bruch weiß. Denn jeder Satz, geschrieben in dieser Sprache, die sich in Träumen meldet, wirft die Frage auf, zu wem dort, auf der anderen Seite des Atlantiks, gesprochen werden kann. Im Buch selbst dann die Geschichte der Emigration, wie sie Hannah Arendts weiteres Leben prägen wird: Vier der sechs Essays wurden zwar deutsch geschrieben, zuerst aber auf englisch in den Vereinigten Staaten veröffentlicht. »Wieder schreiben zu dürfen« – das heißt auch, eine Öffentlichkeit anzusprechen, die bereit ist, dieses Deutsch zu hören. Diese Öffentlichkeit ist nicht einfach gegeben. Es kann sie nur geben, wenn der Abstand und die Datierung jeder Äußerung mitgehört wird.

Daran erinnert der einleitende Brief an Karl Jaspers; er trägt Ort, Datum und Unterschrift: »NewYork, Mai 1947.« Genau zwei Jahre nach dem Ende des Zweiten Weltkriegs, geschrieben von einer deutschen Jüdin auf der anderen Seite des Atlantiks: »Hannah Arendt«.

In allen folgenden Veröffentlichungen beharrt Hannah Arendt auf diesem Unterschied. In Deutschland und auf deutsch spricht sie als Emigrantin. Als jemand, der nicht in dieses Land zurückkehrt. In Amerika ist ihre Stimme anders bestimmt: Hier spricht sie als eine, die in diesem Land eine Zuflucht gefunden hat. Dieses Land ist ihr politischer Ort. Das Buch über die Revolution, in dem der Gedanke einer Erbschaft eine so wichtige Rolle spielt, wurde – wie so viele von Hannah Arendts Texten – zuerst auf englisch geschrieben. Erst in einem zweiten Schritt hat sie das Buch in die Sprache übertragen, die die Träume durchstreift. »Wir« – ihre deutschen Leser – werden von ihr immer auf eine besondere Weise angesprochen. Wir sind nicht ihr einziges und oft auch nicht ihr wichtigstes Publikum. Daher werde ich Hannah Arendt im Folgenden in beiden Sprachen sprechen lassen. Das macht das Lesen mühsamer, doch im Stolpern vom Deutschen ins Englische und vom Englischen ins Deutsche wird die Aufmerksamkeit immer wieder darauf gelenkt, daß diese Zweisprachigkeit einen Grund hat. Er könnte gewichtiger nicht sein. Hannah Arendts Stimme kommt aus »New York«. Aus dem Exil in den Vereinigten Staaten. Jede ihrer Äußerungen ist datiert. Hier versucht jemand, nach dem Traditionsbruch des 20. Jahrhunderts zu sprechen. Auch zu uns – in Deutschland.

∼

Hannah Arendts letztes Buch, *The Life of the Mind*, das sie nicht mehr zu Ende schreiben konnte, beginnt noch einmal mit einem Hinweis auf das Erbe, das ohne Testament auf uns gekommen ist: »Hence, the possible advantage of our situation following the demise of metaphysics and philosophy would be twofold. It would permit us to look on the past with new eyes, unburdened and unguided by any traditions, and thus to dispose of a tremendous wealth of raw experiences without being bound by any prescriptions as to how to deal with these treasures. ›Notre héritage n'est précédé d'aucun testament‹ (›Our inheritance comes to us by no will-and-testament‹). The advantage would be even greater had it not been accompanied, almost inevitably, by a growing inability to move, on no matter what level, in the realm of the invisible; or, to put it another way, had it not been accompanied by the disrepute into which everything that is not visible, tangible, palpable has fallen, so that we are in danger of losing the past itself together with our traditions.«[14]

Sätze im Konjunktiv. Wir könnten eine Chance haben. Eine große Chance. Aber unter welchen Bedingungen? Die Tradition, die wie der Alp aller toten Geschlechter auf dem Gehirne der Lebenden lastet, ist gebrochen. Doch im Rückblick scheint der Verlust dieses Gewichtes keine Leichtigkeit ermöglicht zu haben, mit der wir uns durch eine neue Welt bewegen könnten. Etwas scheint schwerer zu drücken als vorher. Aus dem »Ende der Philosophie«, von dem Hannah Arendt im Brief an Martin Heidegger spricht, folgt nicht einfach der Beginn des Denkens. *The Life of the Mind* versucht, die Gründe dafür auszuleuchten. Sie liegen – in der Politik. Oder besser gesagt: Der Grund liegt darin, daß aus dieser Befreiung – noch – keine angemessene Politik gefolgt ist. *The Life of the Mind* ist kein Buch, das von Politik handelt. Zumindest nicht explizit. Es handelt von den Kategorien, die abendländisches Denken bis heute begleitet haben: Denken, Wollen, Urteilen. Als ob die Frage nach der Politik nur über einen Umweg, nicht direkt zu stellen wäre. Nicht in den sechziger und siebziger Jahren.

∾

Kurz vor ihrem Tod schrieb Hannah Arendt eine Rede, die sie zur Feier des zweihundertsten Jahrestags der amerikanischen Revolution vortrug. Ein unendlich trauriger Text. Es sei durchaus möglich, so heißt es hier, daß »our form of government« das Jahr 2000 nicht überlebt.[15] Der Umgang mit der verheerenden Niederlage in Vietnam sowie der Watergate-Skandal hätten eine neue Art von Lüge in der Politik ans Tageslicht gebracht, die die Fundamente der amerikanischen Republik zerstört. Während im Totalitarismus aus ideologischen Gründen gelogen wurde, lüge die amerikanische Regierung die Niederlage in Vietnam ihres Images wegen in einen Sieg um: »Image-making as global policy is indeed something new in the huge arsenal of human follies recorded in history«.[16] Es sei wichtiger geworden, wie die Dinge aussehen, nicht, wie sie sind. Die bösen Tatsachen würden nicht mehr unter den Teppich gekehrt, sondern – vergessen: »not amnesty but amnesia will heal all our wounds«,[17] so die neue Devise amerikanischer Politik. Diese Politik des Vergessens und des »image-making« hat so schwerwiegende Folgen für eine Demokratie, daß Hannah Arendt am Ende ihres Lebens davon spricht, daß ein Zeitalter zu Ende gegangen sein könnte: »We may very well stand at one of those decisive turning points of history which separate whole eras from each other. For contemporaries entagled, as we are, in the inexorable demands of daily life, the dividing lines between eras may be hardly visible when they are crossed; only after people stumble over them do the lines grow into walls which irretrievably shut off the past.« Noch einmal ein Erbe ohne Testament. Aufgegeben bleibt, »the writing on the wall«[18], die Schrift auf der Wand zu lesen, die die Zeitgenossen damals, 1975, nicht entziffern konnten. Ein Zeitalter ist zu Ende gegangen. Wir wissen bis heute nicht, wann genau es geschah. Mit der Niederlage der USA in Vietnam, wie Hannah Arendt vermutet? Oder 1989, mit dem Verschwinden der Sowjetunion? Wobei nicht das Datum das Entscheidende ist. Sondern die Zäsur im Politischen, die angemessenes Handeln zu verstellen droht.

~

»I am not homesick enough« – »so viel Heimweh habe ich nicht« – mit dieser Wendung beendet Hannah Arendt in *The Life of the Mind* ihre Lektüre einer Passage aus Nietzsches Nachlaß: »Die deutsche Philosophie als Ganzes – Leibnitz, Kant, Hegel, Schopenhauer, um die Großen zu nennen – ist die gründlichste Art *Romantik* und Heimweh, die es bisher gab: das Verlangen nach dem Besten, was jemals war. Man ist nirgends mehr heimisch, man verlangt zuletzt nach dem zurück, wo man irgendwie heimisch sein kann, weil man dort allein heimisch sein möchte: und das ist die griechische Welt! Aber gerade dorthin sind alle Brücken abgebrochen, – *ausgenommen* die Regenbogen der Begriffe! Und die führen überall hin, in alle Heimaten und ›Vaterländer‹, die es für Griechen-Seelen gegeben hat! Freilich man muß sehr fein sein, sehr leicht, sehr dünn, um über diese Brücken zu schreiten!«[19] »I am not homesick enough«, um über diese Brücken gehen zu wollen, schreibt Hannah Arendt. Ihre Begründung bringt noch einmal ins Spiel, wo und wie das Politische seinen Einsatz finden muß: »No doubt the personified concept had its root in verifiable experience, but the pseudo-kingdom of disembodied spirits working behind men's backs was built out of homesickness for another world, in which man's spirit could feel at home.

This, then, is my justification for having omitted from our considerations that body of thought, German Idealism, in which sheer speculation in the realm of metaphysics perhaps reached its climax together with its end. I did not want to cross the ›rainbow-bridge of concepts,‹ perhaps because I am not homesick enough, in any event because I do not believe in a world, be it a past world or a future world, in which man's mind, equipped for withdrawing from the world of appearances, could or should ever be comfortably at home. Moreover, at least in the cases of Nietzsche and Heidegger, it was precisely a confrontation with the Will as a human faculty and not as an ontological category that prompted them first to repudiate the faculty and *then* turn about to put their confidence in this ghostly home of personified concepts which so obviously was ›built‹ and decorated by the thinking, as opposed to the willing, ego.«[20]

So gründlich sie auch Nietzsche und Heidegger gelesen hat – keiner der beiden kann ihr dabei helfen, ihren eigenen »Regenbogen der Begriffe« vom Denken zum Wollen zu schlagen. Die Frage nach dem Wollen wirft die nach dem Handeln in der Welt auf. Unabweisbar. Politik – kein »ghostly home of personified concepts«. Ein ganz anderes Reich.

Eines, das Hannah Arendt am Ende ihres Buches *Über die Revolution* im Konjunktiv entwirft. Noch einmal ist es René Char, der ihr die entscheidenden Stichworte gibt. In seinen Aphorismen liest sie von der Möglichkeit, sich »von der Trauer des Lebendigen« nicht übermannen zu lassen. Hier findet sie die »tiefe Freude, in Wort und Tat ohne Zweideutigkeit und ohne Selbstreflexion zu erscheinen, die allem Handeln innewohnt.«

Dann der Sprung in den Konjunktiv: »Würden wir diesen Reflexionen über den seltenen ›Schatz‹ des Politischen, der die *triste épaisseur*, die Erdenschwere und die seltsame Trauer aller Kreatur, aufzuhellen verspricht, nachgehen, wollten wir mit anderen Worten bestimmen, wo ›die Erbschaft herkommt, die uns von keinem Testament hinterlassen wurde‹, so würden wir schließlich auf jene berühmten und erschreckenden Worte stoßen, die Sophokles in seine Altersdichtung, den *Ödipus auf Kolonos*, eingefügt hat.« Und nun zitiert Hannah Arendt den griechischen Text in der Originalsprache. Sie landet also bei den Griechen, die Nietzsches »Regenbogen der Begriffe« erreichen wollte. Dort findet sie kein »ghostly home«. Sie findet etwas anderes. Begonnen hatte sie ihre Überlegung mit einem Verlust in der Gegenwart. Der »Geist der Revolution« sei verlorengegangen, ein Geist, »der zugleich der Geist des Neubeginnens ist«. Er ging verloren, als er »die ihm angemessene Institution nicht fand«. Ein Geist also, der heimatlos blieb. Die Schreiberin sucht ihm kein Heim. Sie bietet ein Zweites, ein Zweites auch sprachlich, denn nach dem Griechischen zitiert sie eine deutsche Übersetzung des Sophokles: »Nicht geboren zu sein, übertrifft / Jeden Begriff. Doch wann's erschien, / Ist das zweite weithin dies, / Eilends zu gehen, von wannen es kam.«[21]

Ein Blick auf die englische Fassung zeigt, daß Hannah Arendt auch hier eine besondere Botschaft an ihre deutschen Leser geschickt hat. Im Englischen fehlt der Schritt im Konjunktiv. Die entsprechende Passage scheint daher nicht von Möglichkeiten, sondern von Realitäten zu handeln. Aus René Chars Gedanken folgert sie: »These reflections are significant enough as they testify to the involuntary self-disclosure, to the joys of appearing in word and deed without equivocation and without self-reflection that are inherent in action. And yet they are perhaps too ›modern,‹ too self-centered to hit in pure precision the center of that ›inheritance which was left to us by no testament.‹ Sophocles in *Oedipus at Colonus*, the play of his old age, wrote the famous and frightening lines …«[22] Kein konjunktivischer Regenbogen dieses Mal, sondern eher Schritte, die sogar kritische Blicke erlauben. »Perhaps too ›modern‹« sei der französische Dichter der Résistance, »too self-centered«. Von Amerika aus gelesen sind die »joys of appearing in word and deed«, in die sich die Kämpfer der Résistance warfen, so nah und so wirklich, daß Mängel sichtbar werden. Von Deutschland aus gelesen ist das anders. Zu wenige teilen hier die Erfahrung einer »tiefen Freude« beim Handeln. Eines widerständigen Handelns. Zu viele schleppen die unbearbeiteten Konsequenzen des Nicht-Handelns mit sich herum. Hier zu kritisieren wäre völlig unangemessen. Hier geht es erst einmal darum, von dieser Freude zu sprechen. Sie als Möglichkeit vorzustellen. Davon zu sprechen, daß es einen Umgang mit der »Erdenschwere und der seltsamen Trauer aller Kreatur« geben könnte.

Am Tag ihres Todes begann Hannah Arendt mit dem dritten Teil von *The Life of the Mind*, der die Urteilskraft untersuchen sollte. Auf dem Blatt, das sich in ihrer Schreibmaschine fand, steht ein Motto – in deutscher Sprache, im Konjunktiv. Es ist Goethes *Faust II* entnommen – auch einer Altersdichtung: »Könnt' ich Magie von meinem Pfad entfernen, / Die Zaubersprüche ganz und gar verlernen, / Stünd ich, Natur, vor Dir, ein Mann allein, / Da wär's der Mühe wert, ein Mensch zu sein.«

»Verlernen« – wohl das Schwierigste, was man sich denkend auferlegen kann. Eingeschliffene Gedanken »ganz und gar« umbauen. Grausam, gründlich. Also keine Modernisierung von Begrifflichkeiten, wie sie in der akademischen Welt oft so meisterlich vollzogen wird. Verlernen. Nicht das sich wieder aneignen, was man schon einmal wußte. Es geht auch nicht um Ab- oder Umkehr. Sondern um Wendungen, die immer neu vollzogen werden müssen: »Jeder Denker, wenn er nur alt genug wird, muß danach trachten, das eigentlich Resultathafte seines Gedachten aufzulösen, und zwar einfach dadurch, daß er es aufs neue bedenkt.«[23] Hannah Arendt heute lesen – das könnte bedeuten, dieses Verlernen zu lernen. Das »Resultathafte«, in das ihre Gedanken im Schreiben über sie so gerne gepackt werden, auch wieder aufzuschnüren und es »aufs neue« zu bedenken. Und damit zu überlegen, wo kleine Schritte aus den von ihr hinterlassenen Konjunktiven in den Indikativ möglich sind. Nicht nur schreibend. Auch in den Raum des Handelns. Und damit in den der Politik.

DAS MÖRDERISCHE ALPHABET

> *Wer a sagt, der muß nicht b sagen.*
> *Er kann auch erkennen, daß a falsch war.*
> Bertolt Brecht, *Der Jasager. Der Neinsager.*

»Alle Freiheit liegt in diesem Anfangenkönnen beschlossen«,[1] schreibt Hannah Arendt am Ende ihrer Studie über den Totalitarismus, die 1951 auf englisch und 1955 auf deutsch erschien. Ein Blick auf die danach entstandenen Arbeiten zeigt, daß sie nach Abschluß dieses Buches nicht an das Erreichte anknüpfend weiterarbeiten konnte; vielmehr steht sie ganz grundsätzlich vor einem Anfang. Wie aber gelingt ein Anfang? Die Frage geht tiefer: Was ist ein Anfang? Was Anfangenkönnen? Wie steht die Figur des Anfangens in Beziehung zum Bruch der Tradition, von dem nun alles Denken seinen Ausgang nehmen muß?

Als Hannah Arendt 1950 ihr *Denktagebuch* beginnt, geht sie – nicht zum letzten Mal – an den Anfang abendländischer Denktraditionen zurück. Explizit im Wiederlesen der griechischen Philosophie. Implizit in der Lektüre eines Textes, der ihr nicht auf dem Weg lag: der hebräischen Bibel in der Übersetzung von Martin Buber und Franz Rosenzweig. Und damit ändert sich vieles.

In einer Fußnote der *Human Condition* von 1958, gut versteckt also, findet sich in einer Passage über die *Genesis* folgender Hinweis: »I follow the translation of Martin Buber and Franz Rosenzweig, *Die Schrift*«.[2] Nicht die King James Bible oder eine andere kanonische englische Übersetzung wird zitiert, vielmehr überträgt Hannah Arendt eine deutsche Übersetzung des hebräischen Texts ins Englische. Im deutschen Buch, der *Vita activa*, ist der Hinweis auf Buber und Rosenzweig noch deutlicher: Hier heißt es, sie folge dieser Übersetzung »hier wie auch sonst«.[3] Ein beiläufiger Hinweis, leicht zu überlesen. Und doch. Er führt auf die Spur eines Umdenkens, eines Anfangens, die Hannah Arendt in die Öffentlichkeit trägt.

Bereits die erste Aufzeichnung zur *Genesis*, die sich im *Denktagebuch*, datiert auf den Februar 1952, findet, versammelt die zentralen Kategorien für alles spätere Denken. Die Lektüre konzentriert sich auf die ersten beiden Kapitel. Die Erschaffung des Menschen: »ad <u>Pluralität</u>: schon im hebräischen Sprachgebrauch <u>der</u> Mensch vorgezeichnet. Adam אדם [adam] hat keinen Plural! In der Schöpfungsgeschichte schafft Gott alle Tiere im Plural, aber <u>den</u> Menschen, dem er dann noch ausdrücklich eine אשה schaffen muss oder den er als <u>Einen</u> männlich und weiblich schuf.«[4] Bei Luther klingt das anders. »Gott schuf sie einen Mann und ein Weib«. Männlich und weiblich versus Mann und Frau – mit diesem Unterschied, den Hannah Arendt im Blick auf den hebräischen Text untermauert, öffnet sich ein neuer Gedanke. Jetzt erst scheint lesbar zu werden, warum die Schöpfungsgeschichte die Erschaffung des Menschen zweimal erzählt. Wobei Hannah Arendt in ihrer Reflexion die beiden Versionen umdreht und erst auf die zweite, dann auf die erste hinweist. Verbunden sind die beiden Versionen nicht durch ein »und«, sondern durch ein »oder«. Zuerst also die Geschichte, in der Adam eine Ischah zugesellt bekommt. Während die Tiere immer schon plural geschaffen wurden, ist in die Erschaffung des Menschen das Problem eingeschrieben, wie Pluralität entsteht. Hannah Arendts Lektüre scheint von der Zwei aus zu zählen. Wohin aber zählt man dann? Vor oder zurück?

Die Eins – ist kein Anfang; sie ist immer schon gegeben, insofern eine Zwei existiert. Erst die Zwei macht die Eins zur Eins. Erst Ischah, das Weib, macht den Mann zum Mann. Mit dem »oder« verschärft Hannah Arendt diese Lektüre. Mensch – in diese Kategorie ist Pluralität eingeschrieben. »Männlich und weiblich erschuf er sie«, nicht eins und eins also, sondern eine gleichursprüngliche Zwei.

An einer anderen Stelle, und wieder im Gestus eines Anfangs geschrieben, schreibt Hannah Arendt im *Denktagebuch*: »Experimental Notebook of a Political Scientist: To establish a science of politics one needs first to reconsider all philosophical statements on Man under the assumption that men, and not Man, inhabit the earth. The establishment of political science demands a philosophy for which men exist only in the plural. Its field is human plurality. Its religious source is the second creationmyth – not Adam and rib, but: Male and female created He them.«[5]

Eine Verwechslung. Die Geschichte von Adam und der Rippe *ist* der zweite Schöpfungsmythos. Eine Verwechslung, die lesbar ist. In Hannah Arendts Lektüre der Schöpfungsmythen wechseln die Zahlen ihren Platz. Wenn bereits im ersten Schöpfungsakt die Menschen ursprünglich plural geschaffen wurden, dann wird auch hier von der Zwei aus gezählt, nicht von der Eins. Am Anfang war die Zwei. Oder eine Eins, die in sich plural ist. Eins, eins. Eine serielle, keine numerische Anordnung.

Ein überraschender Gedanke. Ausgehend von der Schöpfungsgeschichte, gelesen in der Übersetzung von Buber und Rosenzweig, ist die philosophische und politische Tradition des Abendlands anders zu denken. An deren Beginn würde kein griechischer Text, sondern die hebräische Bibel, ein Text des Judentums liegen. Von der Genesis aus gedacht, springt die Frage auf, ob die Ordnung der Buchstaben, von Alpha bis Omega, nicht eine falsche Folgerichtigkeit erzeugt, ob nicht vielmehr erst der Umweg über eine andere Ordnung, die der Zahlen, dieses Anfangenkönnen ermöglicht: »Ad <u>Pluralität</u>: Die Pluralität, die sich am reinsten in der ins Unendliche sich fortsetzenden und aus sich selbst sich erzeugenden Zahlenreihe darstellt, ist ursprünglich nicht in der Vielheit der Dinge, sondern in der Bedürftigkeit des Menschen, der als Einer geboren den Zweiten braucht, um sich des Fortgangs in den Dritten, Vierten und so fort zu sichern.«[6]

»Aus sich selbst sich erzeugend« – mit dieser Denkfigur ist Hannah Arendt jenseits von Schöpfungsmythen gelandet. Am Anfang war eine selbst sich zeugende Ordnung – oder es gab keinen Anfang. Eine theologische Lesart des Mythos ist damit suspendiert. Die Geschichte der Schöpfung spiegelt vielmehr eine Notwendigkeit, die im Zentrum menschlichen Lebens steht. Wie ist Pluralität zu denken? Zwei, eins, drei, vier – oder wie auch immer die Zahlen aufeinander folgen. Um diese Folge so weit als möglich zu öffnen, führt Hannah Arendt die eben zitierte Überlegung noch einen Schritt weiter: »Was aber hier, im Ursprung der Zeugung, gezählt wird, beziehungsweise sich zählt, ist niemals das völlig Disparate, dem die Zahl zu einer abstrakten Einheit verhülfe …, sondern das wesensmässig ›Selbe‹ (wie Heidegger sagt, im Gegensatz zu dem bloss Gleichen), das sich in biblischer Sprache als: ›im Ebenbild‹, κατ' εἰκόνα, ausspricht. Diese Ebenbildlichkeit auf die Schöpfung des Menschen durch Gott zu beziehen, ist der tiefste und darum verderblichste Anthropomorphismus in dem abendländischen Gottesgedanken. In unserem Ebenbilde erzeugen wir unsere Kinder – nicht das uns ›Gleiche‹, aber das Selbe, was wir sind. Gott aber ist gerade das absolut Nicht-›Selbe‹. Durch diesen Anthropomorphismus kam der verderbliche Unsinn von <u>dem</u> Menschen in die Metaphysik. Da Gott als Einer gedacht war in einem un-menschlichen Sinn, d.h. als die einzige Eins, die keine Zwei neben sich dulden konnte – und dieser Gedanke war wiederum ganz ›richtig‹, wenn man den genauen Gegensatz vom Menschen, den es nur im Plural geben kann, denken wollte (auch hier also noch ein Anthropomorphismus) –, wurde der in seinem Ebenbild erschaffene Mensch unvermerkt ebenfalls zu <u>dem</u> Einen Menschen, der verbunden war seinem Einen Einzigen Gott.«[7]

Ein »richtiger« Gedanke, der in der Übertragung auf etwas anderes einen Fehler erzeugte. Damit Gott im Unterschied oder auch als Unterschied zum Menschen denkbar war, wurde er als Eins entworfen. Als Eins ohne Zwei. Als die einzige Eins, die keiner Zwei bedarf. Der Fehler scheint hier in einer doppelten Spiegelung zu liegen. Die Menschen in ihrer gleichursprünglichen Pluralität entwarfen sich als Gegenpol einen Einzigen Gott und spiegelten den »verderblichen Unsinn« dieser Setzung zurück auf die Erde. Was hier geschieht, bezeichnet Hannah Arendt mit einem griechischen Begriff: Wenn von der Pluralität zurück zur Singularität geschlossen wird, von der Zwei zur Eins sozusagen, so sei dies ein »Anthropomorphismus«. Doch dieses Wort bezeichnet hier etwas, das den Anthropos, so wie ihn Hannah Arendt entwirft, grundsätzlich aushebelt. Als ob der jüdische Schöpfungsmythos von einem Gedanken aus einer anderen Ordnung wie überschrieben worden wäre.

Warum dann den Menschen nicht von der griechischen Philosophie aus denken, in der ein »Anthropomorphismus« zu einem vielfältig bevölkerten Himmel führen würde? Wenn doch erst der Monotheismus zum »verderblichen Unsinn« aller Metaphysik führt. Die Antwort scheint einfach und unendlich schwer: weil von der griechischen Philosophie aus offenbar kein Anfang zu denken ist, der in Hannah Arendts Sinn ein wirklicher Anfang wäre.

~

Am Ende des Buches über den Totalitarismus – Gedanken über das Anfangenkönnen, die Möglichkeit des Anfangens: »Alle Freiheit liegt in diesem Anfangenkönnen beschlossen. Über den Anfang hat keine zwangsläufige Argumentation je Gewalt, weil er aus keiner logischen Kette je ableitbar ist, ja, von allem deduzierenden Denken immer schon vorausgesetzt werden muß, um das Zwangsläufige zum Funktionieren zu bringen. Darum beruht die Argumentation des ›Wer A gesagt hat, muß auch B sagen‹ auf der rücksichtslosen Ausschaltung aller Erfahrung und alles Denkens, das von sich aus irgendwo von neuem zu erfahren und zu denken anhebt.

Wie das eiserne Band des Terrors, der aus vielen Menschen *einen* Menschen machen will, verhindern muß, daß mit der Geburt eines jeden Menschen ein neuer Anfang in

die Welt kommt, eine neue Welt anhebt, so soll der Selbst-
zwang der Logik verhüten, daß jemand irgendeinmal neu
anfängt zu denken, also, anstatt B und C zu sagen und so
weiter bis zum Ende des mörderischen Alphabets, von sich
aus A sagt.«[8]

Neben der Lektüre des jüdischen Schöpfungsmythos, der
den Anfang so grundsätzlich anders denken hilft, holt sich
Hannah Arendt einen anderen Zeugen zu Hilfe. Weggenos-
se beim Aufsprengen des »mörderischen Alphabets« ist ein
Schriftsteller, der wie sie aus Deutschland geflohen war: Bertolt Brecht. Die verhängnisvolle Folgerichtigkeit, die unversehens von A nach B führt, wird am Ende ihres Buches über
den »Tiefenweg« der europäischen Geschichte im Blick auf
einen Text aufgesprengt, der diese Bewegung des Aufspren-
gens selbst vollzieht: 1930 verfaßt Brecht seinen *Jasager*, 1931
schreibt er ihn um, indem er einen parallel gebauten zweiten
Teil mit verändertem Schluß hinzufügt: *Der Jasager. Der
Neinsager.* Ein Knabe zieht mit einem Lehrer und Studenten
in die Berge, um dort Medizin für seine kranke Mutter zu
holen. Vor dem Aufbruch stimmt er dem alten Brauch zu,
nach dem der, der auf der Reise erkrankt, vom Berg gestürzt
wird, damit die Gruppe ihren Weg nicht abbrechen muß.
Als der Knabe beim Aufsteigen tatsächlich erkrankt, wird er
im *Jasager* getötet: »Dann nahmen die Freunde den Krug /
Und beklagten die traurigen Wege der Welt / Und ihr bitte-
res Gesetz / Und warfen den Knaben hinab. / Fuß an Fuß
standen sie zusammengedrängt / An dem Rande des Abgrunds / Und warfen ihn hinab mit geschlossenen Augen /
Keiner schuldiger als sein Nachbar / Und warfen Erdklum-
pen / Und flache Steine / Hinterher«, so die Schlußstrophe
des »GROSSEN CHORS«.[9]

Im *Neinsager* dagegen revidiert der Knabe seine Zustimmung: »Die Antwort, die ich gegeben habe, war falsch, aber eure Frage war falscher«, so sagt er. »Wer a sagt, der muß nicht b sagen. Er kann auch erkennen, daß a falsch war … Und was den alten großen Brauch betrifft, so sehe ich keine Vernunft an ihm. Ich brauche vielmehr einen neuen großen Brauch, den wir sofort einführen müssen, nämlich den Brauch, in jeder neuen Lage neu nachzudenken.«[10] Entgegen der Warnung des Lehrers, daß dieses Umdenken unten in der Welt zu Hohn und Spott führe, entscheiden sich die Studenten dafür, den kranken Knaben zu retten und damit einen neuen Brauch einzuführen.

In der Schlußstrophe des Chors fallen die entscheidenden Worte, die Hannah Arendts Analyse stützen: »So nahmen die Freunde den Freund / Und begründeten einen neuen Brauch / Und ein neues Gesetz / Und brachten den Knaben zurück. / Seit an Seit gingen sie zusammengedrängt / Entgegen der Schmähung / Entgegen dem Gelächter, mit geschlossenen Augen / Keiner feiger als sein Nachbar.«[11]

Im Moment der Annahme des ›neuen Gesetzes‹ entsteht Freundschaft – »so nahmen die Freunde den Freund«. Gemeinsam können die »traurigen Wege der Welt«, von denen am Ende des *Jasager* die Rede war, verlassen werden, und etwas Neues beginnt.

Um Zeugen, auch Freunde zu haben, darum zitiere man, so schreibt Hannah Arendt im *Denktagebuch*.[12] Im Buch über den Totalitarismus ist Bertolt Brecht ein Zeuge, der mehrfach genannt wird, nicht aber in der zitierten Passage über das Anfangenkönnen.[13] Sein Lehrstück, geschrieben für Schülerbühnen in der Weimarer Republik, gibt Hannah Arendt das Wort *Freund* – genau an der Stelle, an der sie den

Blick über das fertiggeschriebene Buch hinaus wagt. Am Anfang ihres nächsten Buches, *Vita activa oder Vom tätigen Leben*, spricht der Freund in seinem eigenen Namen. Das Buch beginnt mit der ersten und der letzten Strophe von Brechts »Choral vom Manne Baal«:[14]

Als im weißen Mutterschoße aufwuchs Baal
War der Himmel schon so groß und still und fahl
Jung und nackt und ungeheuer wundersam
Wie ihn Baal dann liebte, als Baal kam.

Als im dunklen Erdenschoße faulte Baal
War der Himmel noch so groß und still und fahl
Jung und nackt und ungeheuer wunderbar
Wie ihn Baal einst liebte, als Baal war.

Ein Gedicht, 1918 erschienen. Geschrieben von einem Zwanzigjährigen, der zur »verlorenen Generation«[15] gehörte. Brecht, ein Zeuge des Traditionsbruchs, der das zwanzigste Jahrhundert von aller Geschichte trennt. Am Anfang des Buches also ein zyklisch gebautes Gedicht, das gleichzeitig eine historische Zäsur markiert.

Hannah Arendt liest die Geschichte von Baal zusammen mit Brecht nicht als Geschichte vom Sieg des monotheistischen Gottes, wie sie im *Ersten Buch der Könige* erzählt wird. Sie spricht vielmehr von einem »nun allerdings Mensch gewordenen Gott, dem es auf dem Erdenstern gefällt – ›Baal ist drein verliebt / Schon weil es 'nen andern Stern nicht gibt‹.« Baal, »Gott dieser unbekümmert ruch- und rücksichtslosen Lebenslust«,[16] ist in die Welt nach dem Ersten Großen Krieg gefallen. In eine Welt, in der die Vorstellung von einer gerichteten Zeit des Fortschritts obsolet geworden ist. Im Gedicht wird Zeit zyklisch gedacht; sie folgt dem Rhythmus der ewigen Wiederkehr. Die Welt war da, bevor Baal kam, und sie wird da sein, wenn er gegangen ist. Eine Welt, die sich unter einem götterleeren Himmel streckt. Ein Himmel, dessen leere Weite im Gedicht durch eine ganze Kette von Eigenschaften gestützt wird, verbunden durch ein loses »und«. Groß, still, fahl, jung, nackt, ungeheuer wundersam. Groß, still, fahl, jung, nackt, ungeheuer wunderbar.[17]

Brecht nennt sein Gedicht »Choral«, als ob eine Gemeinde sich im Gesang zu einem Gott zusammenfinden und ihre Botschaften an eine himmlische Instanz senden könnte. Doch das Gedicht bewegt sich in einer Zeit, in der Sender und Empfänger dieser Botschaften nicht mehr einfach gegeben sind. Auch die Genrebezeichnung wurde in der historischen Zäsur gesprengt. Noch ein »Choral«, ein »Choral vom Manne Baal«, doch das Lied bekümmert sich um keinen Gott. Kein Chor, der ihn singen könnte.

Wie aber ist in die Figur des Zyklischen ein Anfang einzutragen? Immer wieder kreist das Schreiben um diese Frage, die Hannah Arendt am Ende von *The Life of the Mind* als eine offene Frage weitergibt. Im August 1954 notiert sie in ihr *Denktagebuch* eine Überlegung, in deren Mitte die beiden zitierten Strophen aus Brechts »Baal« stehen. Ausgangspunkt ist das »Welt-schaffen« der Menschen, das »uns« in eine komplexe Zeit wirft: »So wie der Himmel uns auf ewig überdauert, wollen wir, dass unser Haus uns um ein Weniges überdauert.« Gerade die Menschen, die das Lebendigsein am meisten liebten, hätten die größten Schwierigkeiten, »dies einzusehen«. Wogegen aber sträubt sich deren Einsicht? Der parallel gebaute Satz zeigt ein Ungewicht: Der ewige Himmel ist ewig ohne Subjekt. Niemand braucht das zu wollen, niemand braucht etwas zu tun, damit die Zeit des Himmels sich von Ewigkeit zu Ewigkeit dehnt. Die Zeit des Hauses ist anders bemessen. Es ist nicht nur die Zeit des Bauens, Wohnens, Zerfallens. Hinter all dem steht ein Subjekt, das die Zeit, die diesem Haus gegeben ist, auch will. Ein Wollen also, das sich im Zweck des Hauses, seiner Bewohnbarkeit, nicht erschöpft. Es ist darüber hinaus gerichtet. Worauf aber, wenn vom irdischen Haus des Menschen zum ewigen Himmel kein Weg mehr führt? Warum sehen gerade die Menschen, die das Lebendige am meisten lieben, nicht, daß sie etwas »wollen«, was sie überdauert?

Dem zitierten Satz über das Wollen folgen im *Denktagebuch* die beiden Strophen aus Brechts Gedicht, die später das Motto für die *Vita activa* abgeben sollten. Dann ein Kommentar: »Dieser Widerstreit zwischen dem Lebendigen, seinem der Vernichtung zustrebenden Kreislauf und allen anorganischen Prozessen ist, dass im Anorganischen die Schichtung an die Stelle der Wiederkehr tritt, was sich am deutlichsten in der Geologie kundtut. Unser Begriff von Geschichte entstammt dieser dem organischen Leben widerstreitenden Erd-Geschichte, die aus Schichtungen besteht. Durch die Errichtung einer Welt schafft der Mensch gleichsam eine Vertikale, die sich quer durch den lebendigen Kreislauf zieht und Schicht auf Schicht um sich versammelt und in die Höhe zieht.«[18]

Der wollende Mensch ist verschwunden. Verschwunden ist auch der Himmel, der in den Ausgangsüberlegungen der Zeitgeber für Ewigkeit war. Der Blick ist nun wie nach unten, auf geologische Schichtungen gezogen, aus denen die Menschen ihr Geschichtsbild gewinnen. Wie aber vermitteln sich nun Erde und Himmel? Der Raum zwischen ihnen wird wie eine geometrische Skizze entworfen, in der Kreise, die sich über eine Fläche lagern, nicht nach oben, sondern »in die Höhe« gezogen werden. Mit dieser Formulierung ändert sich die Perspektive. Die Bewegung scheint nicht von unten, sondern von oben auszugehen. Was aber zieht da? Welche Kraft?

In der zitierten Passage werden Gegensätze so gefaßt, daß die Worte einander nicht einfach gegenüberstehen. Dem Lebendigen korrespondiert das Anorganische, nicht das Tote. Die Schichtung tritt an die Stelle der Wiederkehr. Demnach wäre die Wiederkehr das Vorgängige. Das Zyklisch-Lebendige als erstes Prinzip. Ein Modell, das weder konkrete noch historische Wahrheit beansprucht. Mit Hannah Arendt könnte man es ein Gedankenexperiment nennen.[19] Um so interessanter, um welche Leerstellen das Experiment kreist. Das Geschichtsmodell der Menschen sei der Geologie nachgebaut, so das Argument. Die Geologie wiederum beschreibt etwas, was dem Organischen nachgängig ist. In beiden Sätzen ist das Lebendige der Ausgangspunkt. Doch das Lebendige findet offenbar kein eigenes Bild, um sich darzustellen. Der Satz ist so gebaut, daß die Wiederkehr als Prinzip des Organischen den Schichtungen des Anorganischen vorausgeht. Doch um Zeit zu produzieren, die Linie in die Höhe zu ziehen oder ziehen zu lassen, braucht es eine Bewegung, die die Wiederkehr bricht, sie gleichsam umbiegt in eine andere Richtung. Ihr allererst eine Richtung gibt. Dies geschieht durch »die Errichtung einer Welt«, mit der der Mensch in dies Gefüge tritt. Er bricht Zyklisches um in Gerichtetes. In der zitierten Passage wird der Umschlagspunkt von einer Zeit in die andere nicht kausal dargestellt.

Die Sätze sind analog, vergleichend, parallelisierend gebaut; sie begründen nicht. So – wie. Je – desto. Unergründet bleibt, wie sich der Bruch ereignet. Um dem nachzudenken, bedarf es einer anderen Darstellungsweise.

～

Mehrmals erzählt Hannah Arendt in ihren Schriften Gründungslegenden. Immer sind es zwei, und immer werden sie zusammen erzählt. Und doch scheint keine die andere zu brauchen. Sie ergänzen sich nicht, und keine fügt der anderen einen wesentlichen Aspekt hinzu. »Jüdisch« nennt sie die eine, »römisch« die andere. Daß die eine erheblich älter ist als die andere, spielt in ihrer Lektüre keine Rolle. Es sind – der Zeit entrückt – zwei. Die eine wird zitiert – es ist Vergils *Aeneis* –, die andere kursorisch nacherzählt. Ohne Quelle oder Text.

Im letzten Kapitel von *The Life of the Mind – Vom Leben des Geistes* – heißt es: »Die beiden abendländischen Gründungslegenden, eine römische und eine jüdische (in der griechischen Antike gab es nichts Vergleichbares, trotz Platons ›Timaios‹), sind völlig verschiedenartig, nur daß beide in einem Volk entstanden, für das seine Vergangenheit eine Geschichte mit einem bekannten und datierbaren Anfang war. Die Juden kannten das Datum der Erschaffung der Welt (und das ist der Beginn ihrer Zeitrechnung bis auf den heutigen Tag), und die Römer kannten das Jahr der Stadtgründung (oder glaubten es wenigstens zu kennen) und zählten die Jahre von da an, während die Griechen die Zeit von einer Olympiade zur nächsten zählten. Viel überraschender und für unsere Traditionen des politischen Denkens sehr viel folgenreicher ist die erstaunliche Tatsache, daß nach beiden Legenden (in scharfem Gegensatz zu den bekannten Grundsätzen, die angeblich das politische Handeln in verfaßten Gemeinschaften bestimmen) bei der Gründung – dem Hoheitsakt, bei dem das ›Wir‹ zu einem faßbaren Gegenstand wird – der Leitgedanke die Freiheitsliebe war, und zwar sowohl in dem negativen Sinne der Befreiung von Unterdrückung als auch in dem positiven Sinne der Errichtung von Freiheit als dauerhafter, greifbarer Wirklichkeit.«[20]

Zwei Sätze, die eine halbe Druckseite einnehmen. Im Englischen recht ungewöhnlich – to say the least. Sätze, die beim Vorlesen fast Atemnot produzieren – das Buch entstand bekanntlich aus Vorlesungen. Sätze, skandiert von Klammern und Einschüben. Wobei auch die umgebenden Absätze so gebaut sind. Schwer zu schreibende Passagen offenbar.

Ausgangspunkt ist eine Frage, die in »Geheimnis und Dunkelheit« getaucht ist; im nächsten Satz liegt sie in »beunruhigender Dunkelheit«. Es ist die Frage danach, wie »im Anfang«, zu »irgendeinem Zeitpunkt und aus irgendeinem Grunde eine Gruppe von Menschen sich als ein ›Wir‹ zu begreifen und artikulieren beginnt.«[21] Auch das »im Anfang« wird gleich noch einmal wiederholt. So beunruhigend ist die Frage. Wie also entsteht aus all den möglichen Formen menschlicher Pluralität eine Art Gemeinschaft? Der erste Versuch einer Antwort argumentiert mit der Zeit. Daß es gelungen ist, wird sich im nachhinein gezeigt haben. Wenn eine Zeitrechnung begonnen hat, die linear ist. Die zyklische Zeit der Griechen, in der das Jahr Eins sich wiederholt, kann daher nicht als Beginn gelten.

Doch wie es dazu kommt, daß immer weiter gezählt werden kann, dafür schlagen die beiden Legenden Lösungen vor, die unterschiedlicher nicht sein könnten. Bei der später entstandenen beginnt das Jahr Eins mit der Gründung der Stadt Rom. Äneas, aus dem brennenden Troja geflohen, gründet in Italien ein zweites Troja, das erste Rom. Im Beginn der römischen Zeitrechnung liegt also eine Wiederholung. »Im Anfang« war eine Wiederholung. Die ältere, die jüdische Legende ist anders strukturiert. Im Beginn dieser Zeitrechnung liegt keine weltliche Tat, sondern die Erschaffung der Welt. Die weltliche Tat ist der »Auszug der Stämme Israel aus Ägypten und im Anschluß daran die Mosaischen Gesetze, die ein jüdisches Volk konstituierten«.[22] Eine Kette verflochtener Ereignisse führt also im nachhinein dazu, daß im Rückblick ein Anfang gesetzt werden kann.

»Erstaunlich«, »überraschender« noch der zweite Versuch einer Antwort. Das »Wir« birgt ein doppeltes Moment in sich: Befreiung und einen Akt der Freiheit. Damit dies Doppelte sich ereignen kann, muß genau das aufgehoben werden, was im ersten Teil der Antwort als Voraussetzung dafür galt, daß ein »wir« zustande kam: gerichtete Zeit. Befreiung und Freiheit geschehen in einer nicht meßbaren Zeit. In einer Zeit, die wie angehalten ist. Zwischen Vergangenheit und Zukunft – »nicht mehr« und »noch nicht«.[23]

Warum aber reicht es nicht, die Geschichte einmal, zum Beispiel in der römischen Variante, zu erzählen? Hatte diese politisch doch erheblich weitreichendere Folgen als die jüdische. Beide Geschichten finden sich – in ähnlichen Worten – bereits im Buch *On Revolution* von 1963.[24] Ein Vergleich zeigt, daß es sich bei diesem zweimaligen Erzählen eher um zwei Varianten ohne »Original« als um eine Wiederholung handelt. Der entscheidende Unterschied liegt im Blickpunkt, von dem aus erzählt wird. Im Buch über die

Revolution ist dieser recht einfach zu bestimmen: Aus dem Amerika der frühen sechziger Jahre blickt die Schreiberin zurück auf die amerikanischen »Männer der Revolution«, die in der Bibel und den Archiven der Antike nach Weisheit suchten, um etwas Neues zu schaffen. Mit den Funden der Antike geht der Text dann Schritt für Schritt, über Augustinus, Platon, Robespierre, wieder zurück in die Gegenwart. Die englische Fassung endet mit Harringtons Statement, wonach die Menschen »wirklich fähig sind, ... eine gute Staatsform zu errichten.«[25] Er endet in der Politik und in einer Gegenwart, in der der Text anhalten kann, weil sie – noch – die seine ist.

Die deutsche Fassung endet anders. Hier bleibt der Text nicht in der Politik stehen; vielmehr folgen zwei weitere Absätze, bis es schließlich heißt: »In äußerster Abruptheit könnte man sagen: Ob seiner Sterblichkeit willen, weil er die Gesellschaft irdischer Menschen auch wieder verlassen muß, ward dem Menschen die Gabe des Denkens gegeben, denn sie ist unter anderem auch immer die Gabe, nur mit sich selbst, außerhalb der Gesellschaft von seinesgleichen, sein und sprechen zu können. Und um seiner Gebürtlichkeit willen, weil er selbst als ein Neuanfang in der Welt erscheint, ward ihm die Gabe des Handelns zuteil ... Von diesen Neuanfängen im Kontinuum historischer Zeit geben die Revolutionen letztlich Kunde. Das große Pathos, das sich aller bemächtigt, die an ihnen, ob im Glück oder Unglück, im Erfolg oder Scheitern, teilnehmen, entstammt der Erfahrung, daß der Mensch in der Tat dies vermag – einen Anfang machen, *novus ordo saeclorum*.«[26] Ein eher philosophisches Ende, vorgetragen in einer Sprache, die der biblischen in Luthers Übersetzung nicht nur von weitem ähnelt.

Eine seltsame Verkehrung. Die amerikanische Öffentlichkeit bekommt ein politisches, die deutsche ein philosophisches Ende. Beide bekommen das, was sie nicht brauchen: »Manchmal frage ich mich, was schwieriger ist, den Deutschen einen Sinn für Politik oder den Amerikanern einen leichten Dunst auch nur von Philosophie beizubringen«, so heißt es in einem Brief von Hannah Arendt an Karl Jaspers.[27]

Beide Varianten, sei es der Hinweis auf eine Wirklichkeit, sei es der auf eine Möglichkeit, bewegen sich in demselben historischen Raum. In *The Life of the Mind* ist dieser zerfallen. Schien im Buch über die Revolution eine Art Gleichschritt von historischer Entwicklung und theoretischer Reflexion möglich, so klaffen diese nun weit auseinander. Nach der Lektüre der Gründungslegenden wandert der spätere Text mäandrierend weiter, um an einem ganz anderen Punkt zu enden. Er geht nicht mit den Revolutionären des 18. Jahrhunderts zurück in die Vergangenheit; vielmehr werden diese aus einer Gegenwart in den Blick genommen, die in einer anderen Zeit liegt als die amerikanische Revolution. Zwischen die Gründung der Republik und die Gegenwart hat sich ein Bruch geschoben. In den Vereinigten Staaten ist offenbar etwas geschehen, das die Revolution in die Vergangenheit expediert hat. Sie zu einer abgeschlossenen Zeit macht. So weit entfernt ist nun der Blickpunkt der Schreiberin, daß Parallelen zwischen der römischen und der amerikanischen Staatsgründung sichtbar werden. Aus diesem Abstand wird die große politische Chance sichtbar, die auch hier in einer »Gründung als Wiederholung eines Anfangs«[28] liegt. Doch dieses Mal ist etwas »verwirrend«, was in den frühen sechziger Jahren bei der ersten Lektüre der

Gründungsmythen keine Rolle spielte. »Verwirrend« ist nun, daß sich die Gründungsväter Amerikas »nicht gegen die Antike auflehnten, als sie entdeckten, daß die endgültige und gewiß zutiefst römische Antwort der ›antiken Weisheit‹ lautete, die Rettung komme stets von der Vergangenheit«.[29]

Dieser Gedanke scheint inzwischen so obsolet zu sein – gerade auch in Hinblick auf die Gegenwart der Vereinigten Staaten –, daß ein Umdenken nötig ist. Ein Umdenken auch als Terrainwechsel. War das Buch über die Revolution ein theoretischer Versuch, mit der Geschichte der Revolutionen des 18. Jahrhunderts umzugehen, so muß *The Life of the Mind* etwas Neues wagen. Es ist – noch? – kein Buch, das diese Art von Umgang mit den Revolutionen des 20. Jahrhunderts wagt. Vielmehr ist es ein Versuch, etwas theoretisch zu fassen, das sich historisch in diesem schrecklichen Jahrhundert einfach nicht realisieren wollte. Verschwunden die »Männer der Revolution«; an ihre Stelle sind die »men of action« getreten – wer weiß, wie Hannah Arendt das im Deutschen gefaßt hätte.[30] Das Wort »Revolution«, dieses Mal in Anführungszeichen gesetzt, bietet sich an als Begriff, der ein Kantsches Dilemma löst. Als ob das Wort vom Himmel auf die Erde gewandert sei, um uns – mit Kant – aus einer »Verlegenheit« zu befreien: Wie ist ein »absoluter Anfang« zu denken, so faßt Hannah Arendt Kants Problem, wenn dieser doch immer nur »Fortsetzung einer vorhergehenden Reihe ist«? Und sie schließt: »Das Wort ›Revolution‹ sollte diese Verlegenheit beheben, als es in den letzten Jahrzehnten des 18. Jahrhunderts anstelle seiner alten astronomischen Bedeutung die eines völlig neuen Ereignisses annahm.«[31]

Dann – keine weitere Bewegung mehr. Der Text bleibt in der Mitte des 19. Jahrhunderts stehen, spricht von »melan-

cholischen Gedanken«, dem »Entropiegrundsatz«, den dieses
ansonsten so fortschrittstrunkene Jahrhundert entdeckt. Mit
einem kurzen Seitenblick auf Hegel wandert er nicht etwa
in die Gegenwart. Er geht zurück, um mit einem Zitat von
Augustinus zu enden: »Initium … ergo ut esset, creatus est
homo, ante quem nullus fuit« – »Auf daß ein Anfang sei,
ward der Mensch geschaffen, vor welchem niemand war.«[32]

Dieses Argument sei noch »etwas dunkel«, so Hannah
Arendt, denn es scheine nur zu »besagen, wir seien zur Freiheit *verurteilt*«.[33]

Nach einem langen Weg durch Gedichte und Geschichten, durch kausal verknüpfende und analog verkettende Ar-
gumente ist die Frage am Ende immer noch offen. Soweit
man es wissen kann, gründet diese Dunkelheit nicht in Unzulänglichkeiten beim Nachdenken. Sie gründet in einer
Wirklichkeit, die keine Antwort auf die Frage – mehr –
birgt, wie menschliche Freiheit entsteht.

∿

Das »mörderische Alphabet«. Die Wendung fällt – etwas
umwegig eingeleitet – in der Rede, die Uwe Johnson am
23. Oktober 1971 in Darmstadt bei der Entgegennahme des
Georg-Büchner-Preises hielt. Wahrscheinlich hat er Hannah Arendts Buch über totale Herrschaft nicht gelesen;[34] er
zitiert nach einem Gespräch in einem New Yorker Restaurant. Mit wem er da sprach, wer ihm die Wendung gab, sagt
er nicht. Ungefähr in der Mitte der Szene stellt »der Verfasser« seinem Gegenüber eine Frage. Etwas sei ihm »hartnäk-
kiger nachgelaufen und konnte nicht entlassen werden«, so
heißt es; »es kam etwas wieder. Ob denn wirklich nur die

Deutschen imstande gewesen seien, den Juden anzutun, was sie den Juden antaten. Der Beweis hiess: Die Treue der Deutschen zum Alphabet. Wer von denen A gesagt hat, und merkt es nicht einmal, sagt doch B. Das mörderische Alphabet …« In Klammern ein Zusatz, der sich an Hannah Arendt wendet: »Der Verfasser bittet bei solchen Bemerkungen um eine Erlaubnis, sie zu zitieren.«[35]

Das Typoskript der Rede geht eine Woche später an Hannah Arendt in New York City ab. Mit deutschem Begleitbrief und englischer Widmung. Er schicke ihr den Text: »AS A TOKEN OF THE AUTHOR'S GRATITUDE FOR HER COOPERATION // WITH COMPLIMENTS, BOWS & ALL THE WORKS«.[36] Arendts Antwort ist, zumindest was die Rede anbetrifft, eher lapidar; sie habe sich »sehr gefreut«, so heißt es.[37] »Cooperation«? Die so Angesprochene hat mit dem deutschen Freund, gerade was diese Rede anbetrifft, nicht kooperiert. Uwe Johnson hatte sie gebeten, in Darmstadt die Laudatio auf ihn zu halten. Eine Postkarte aus den Sommerferien in Maine teilt ihm mit, daß Hannah Arendt dieser Bitte nicht nachkommen könne. Unterzeichnet ist sie – die Schreiber nennen sich beim Vornamen, bleiben aber beim »Sie« – von »Hannah (Arendt)«.[38] Diese Unterschrift verwirrt den Empfänger. Er wendet sich an die gemeinsame Freundin Helen Wolff: »Hannah Arendt hat eine sehr freundliche Postkarte aus Maine geschrieben … Sie hat unterschrieben ›Hannah (Arendt)‹. Könnte das bedeuten, dass der Name Blücher nicht mehr ausgesprochen werden soll? Sie hat früher auf der Schreibweise ›Blücher-Arendt‹ deutlich bestanden.«[39]

Man könnte die Unterschrift auch ganz anders lesen. Nicht als Verbergen des Ehenamens – Heinrich Blücher war

1970 gestorben –, sondern als Hinweis auf den Autornamen. Nicht die Freundin hätte in Darmstadt gesprochen, sondern jemand, der zusammen mit Johnson an die Öffentlichkeit getreten und damit den Raum der Freundschaft übertreten hätte. Dort, im öffentlichen Raum, wäre sie unentrinnbar den Zuschreibungen und Zumutungen ausgesetzt gewesen, die Johnson in seiner Rede auf merkwürdige Weise spiegelt.

Bevor in Johnsons Rede das Gespräch auf die Frage kommt, die dem »Verfasser« »hartnäckiger« durch den Kopf geht, heißt es: »Bei einem Besuch in einem Restaurant, dessen europäisches Dekor, dessen Blick auf die nächtlichen Lichtgitter im Süden Manhattans der Verfasser schon ausbaute zu einem Besuch zweier seiner Personen, zu einem letzten [Besuch] *gemeinsamen Essen*, ohne Ahnung von der Trennung, es kam etwas wieder«.[40] Im Hinterkopf bastelt der »Verfasser« also an einer Liebesgeschichte, die bald zu Ende sein wird, auch wenn die Liebenden es noch nicht wissen.[41] Auf der Vorderbühne ein Gespräch, ausgelöst von einer Frage, die »wiederkommt«. In der Antwort der Gefragten mehr als eine »Ahnung von der Trennung«. Sie gibt dem Verfasser kein historisches Argument zurück. Keine Geschichte. Sie gibt ihm einen »Beweis« – wie eine mathematische Formel. Algebra. Und beweist damit auch, wie richtig die Entscheidung war, nicht mit ihm zusammen vor die deutsche Öffentlichkeit zu treten. »Die Treue der Deutschen zum Alphabet. Wer von denen A gesagt hat, und merkt es nicht einmal, sagt doch B.« Ein Zeitsprung vom Perfekt ins Präsens. Sätze also, die nicht nur eine Vergangenheit beleuchten.

Im Deutschland der siebziger Jahre ist gern und oft die Rede von Versöhnung. Zwischen Deutschen und Juden.

Nicht nur dem »Verfasser« der zitierten Szene spukt als Metapher dieses Verhältnisses eine gescheiterte Liebesgeschichte im Kopf herum. Eine emigrierte Jüdin, die in Deutschland öffentlich einen deutschen Schriftsteller ehrt – das wäre die perfekte Inszenierung von Versöhnung. Was auch immer sie sagt, sie wäre unentrinnbar falsch verortet. Auch deshalb, weil Uwe Johnson anders als Karl Jaspers, mit dem zusammen Hannah Arendt an die deutsche Öffentlichkeit trat, sich nicht in politische Debatten einmischte.

Wir wissen nicht, ob Hannah Arendt diese Sätze tatsächlich so formuliert hat. Wir wissen nur, daß sie sie in ihrem Dankesbrief für Johnsons Rede nicht zurechtrückt oder korrigiert. Die Sätze sind schneidend. Sie weisen die Frage des »Verfassers« zurück, ziehen ihn in kein Gespräch. Eine unangemessene Frage. Warum soll eine aus Deutschland Vertriebene über sie nachdenken? Ist das nicht eher eine Frage an die »Deutschen«?

Uwe Johnson bringt die Frage aus dem New Yorker Restaurant nach Deutschland zurück. Und die ausgeschlagene Antwort. Eine Antwort, die nicht argumentiert, sondern »beweist«. Autorlos stehen die scharfen Sätze über das »mörderische Alphabet« im Raum. Den Zuhörern in Darmstadt, den späteren Lesern der Rede bleibt eine Aufgabe: die Treue zum Alphabet zu überdenken. Und damit die Frage nach dem Anfangenkönnen.

Das Buch war längst gedruckt und in die Buchhandlungen
gewandert, doch die Autorin haderte noch eine ganze Wei-
le damit, daß es falsch bezeichnet durch die Welt ging. Kein
anderes Wort ist so stark an den Namen von Hannah Arendt
gebunden wie »Totalitarismus«. Doch dieses Wort angemessen in den Titel der Studie zu bringen, die 1951 erschien, erwies sich als äußerst schwierig. Die englische Ausgabe nennt es nicht; sie heißt *The Burden of Our Time*. Ein
metaphorisierender Titel, der eher verbirgt als sagt, worum
es geht. Er ist – leicht abgewandelt – der Schlußzeile eines
Gedichts von Hannah Arendt entnommen, »Park am Hud-
son« überschrieben: »Geht ein liebend Paar vorüber, / Trägt
der Zeiten Last.«[1] Der amerikanische Titel dagegen ist
eindeutig: *The Origins of Totalitarianism*. Genau deshalb ist
er aus der Sicht der Autorin falsch. Er bringt etwas auf
den Begriff, und zwar auf eine Weise, wie es im Buch selbst
nicht geschieht: »Methode in den Geschichtswissenschaften:
Alle Kausalität vergessen. An ihre Stelle: Analyse der Elemente des Ereignisses. Zentral ist das Ereignis, in dem sich
die Elemente jäh kristallisiert haben. Titel meines Buches grundfalsch, hätte heißen müssen: The Elements of To-

talitarianism,«² so schreibt sie im Juni 1951 im *Denktage-buch*.

Vor dem Abschluß der Arbeit standen offenbar die unter-schiedlichsten Formulierungen zur Debatte. Mal sollte es *The Elements of Shame: Anti-Semitism – Imperialism – Racism* ge-nannt werden. Dann kam ein »even more dramatic title« ins Spiel,» *The Three Pillars of Hell.* Sometimes she called it simply *A History of Totalitarianism*«, so Elisabeth Young-Bruehl.³

Ein Brief an Karl Jaspers vom 4. September 1947 legt die Vermutung nahe, daß der fehlende oder falsche Titel kein Debakel war, das Schreiben vielmehr allererst ermöglichte: »Und das bringt mich auf Ihre Frage, was ich schreibe: Ich habe keinen Titel, kann also nur andeuten: Der erste Teil, der fertig ist, schildert die politische und gesellschaftliche Geschichte der Juden seit der Mitte des 18. Jahrhunderts unter dem ausschließlichen Gesichtspunkt ihrer Eignung als Kristallisator für entscheidende politische Ideologien des 20. Jahrhunderts. Der zweite Teil, den ich gerade schreibe, analysiert den Zusammenhang zwischen Imperialismus (d. h. in meiner Terminologie die reine Expansionspolitik, die in den 80er Jahren beginnt) und dem Verfall des Natio-nalstaats. Damit werde ich bis Ende des Jahres, wenn alles gutgeht, fertig. Der dritte abschließende Teil soll den totali-tären Staatsstrukturen gelten. Den muß ich neu schreiben, weil mir dazu wesentliche Dinge, vor allem auch im Zusam-menhang mit Rußland, erst jetzt aufgegangen sind.«⁴

Drei ganz unterschiedliche Teile und kein Titel. Der Zu-sammenhang der Teile ist offenbar nicht einfach zu bestim-men. Warum dann ein Buch? Warum nicht drei? Im No-vember 1948 schreibt Hannah Arendt noch einmal an Jaspers, der sie zwischenzeitlich gebeten hatte, das Buch über den »Imperialismus«, wie er es nennt, so schnell wie möglich abzuschließen: »Das Unglück ist aber, daß dies in meinem Kopf immer ein Buch war, in Wahrheit aber, wenigstens was das zu verarbeitende historische Material angeht, drei Bücher sind: Antisemitismus, Imperialismus und Totalitarismus. Daraus drei Bücher zu machen, wäre aber auch nicht gut gewesen; und nicht nur, weil die Juden mich nach dem ersten glatt gesteinigt hätten (was ich durch Trödelei aufgeschoben habe), sondern auch, weil das politische Argument nicht herausgekommen wäre.«[5]

Leicht ironisch der Ton. Ganz schwer das Problem. Denn das »politische Argument« ist im Buch nur implizit zu lesen. Offenbar gab es keine diskursive Ebene, auf der es einfach aufzufalten war. Das Argument liegt in der Komposition des Buches. In seiner Dreigliedrigkeit und ebenso in der Anordnung der drei Teile. Diese stand – soweit wir wissen – nie zur Disposition. Drei Teile und der Versuch, einen Titel zu finden, der – sofern er begrifflich formuliert – in einer Genitivkonstruktion zu fassen sucht, was woraus entsteht. Was woraus folgt.

Das Motto des Buches – auch in der englischen Ausgabe auf deutsch – erhebt Einspruch gegen jeglichen Genitiv. Es ist Karl Jaspers' *Von der Wahrheit* entnommen und lautet: »Weder dem Vergangenen anheimfallen noch dem Zukünftigen. Es kommt darauf an, ganz gegenwärtig zu sein.«[6] Hannah Arendts einleitende Bemerkungen folgen diesem Gestus. Sie spricht von »the grotesque disparity between cause and effect which introduced the era of imperialism« oder »the curious contradiction between the totalitarian movements' avowed cynical ›realism‹ and their conspicuous disdain of the whole texture of reality.«[7] Leicht verrätselte,

45

leicht verrätselnde Sätze. Ihre Kraft liegt nicht so sehr in der Erklärung von Phänomenen, sondern im Hinweis auf etwas, was man schon merken, aber noch nicht denken kann. In einem fast beängstigenden Satz läßt Hannah Arendt Ursache und Wirkung wie ineinanderfallen: »And if it is true that in the final stages of totalitarianism an absolute evil appears (absolute because it can no longer be deduced from humanly comprehensible motives), it is also true that without it we might never have known the truly radical nature of Evil.«[8]

Wer ist »we«? Welches Subjekt hat dieses Wissen? »We« in Amerika? Die Menschen? Ist das nicht ein Wissen, auf das »wir« gerne verzichtet hätten? Wie ist das Verhältnis der »radical nature of evil« und »the appearance of absolute evil« zu denken? Idee und Erscheinung? Diese Denkfigur steht quer zur Darstellungsweise des Buches. Immer wieder, vor allem in den Übergängen von narrativen zu reflektierenden Passagen, stoßen Denkfiguren aufeinander. Oder fallen ineinander. Wie auch immer man das formulieren will. Und immer wieder stoßen die Sätze auf Grenzen – bis in die einfachsten grammatikalischen Strukturen hinein. Jeder Genitiv scheint falsch; jede kausale Konjunktion scheint unentrinnbar in die Irre zu führen. Weil, obwohl, weshalb. Haltbar scheinen nur »und« und »oder«. Nur mit diesen Wörtern als Stütze läßt sich nicht von diesem so schwierigen Verhältnis von Wirklichkeit und Nachdenken über Wirklichkeit schreiben. Leicht paradoxe Bilder, überraschende Formulierungen bringen es immer wieder in Bewegung, wenn das Schreiben sich in unzulänglichen Denkfiguren einzurichten droht.

Drei Teile. Kein Titel. Daß die Untersuchung des Totalitarismus den dritten und letzten Teil bilden sollte, stand offenbar nie in Frage. Doch wie kann er dann gleichzeitig das

Ganze umfassen? Das englische Buch »weiß« um diesen Zusammenhang noch nicht. Erst im »Vorwort« zur deutschen Ausgabe von 1955 wird diese Struktur erläutert: »Das Buch handelt von den Ursprüngen und Elementen der totalen Herrschaft, wie wir sie als eine, wie ich glaube, neue ›Staatsform‹ im Dritten Reich und in dem bolschewistischen Regime kennengelernt haben. Die Ursprünge liegen in dem Niedergang und Zerfall des Nationalstaates und dem anarchistischen Aufstieg der modernen Massengesellschaft; die Elemente, die in diesem Zerfallsprozeß frei werden, sind ihrerseits in den ersten beiden Teilen in ihre historischen Ursprünge zurückverfolgt und in dem dritten Teil in ihrer totalitären Kristallisationsform analysiert.«[9]

Vergangen die Zeit, in der sich »the grotesque disparity between cause and effect« vor der Schreiberin dehnte, in der »curious contradictions« das Denken herausforderten?

Eher nicht. In den Jahren zwischen dem Abschluß des Buches über totale Herrschaft und diesem Vorwort an die deutschen Leser ging Hannah Arendts Schreiben verschlungene Wege. Noch einmal zurück ins Jahr 1951, zu den Eintragungen im *Denktagebuch*, in denen die Unzulänglichkeiten des abgeschlossenen Buches überdacht werden. Noch einmal zu den falschen Titeln. Eine Variante, die sie ins Auge faßt, scheint einen Weg zu öffnen: »›Die Pfade des Unrechts: antisemitisch, imperialistisch, weltgeschichtlich (= marxistisch), totalitär‹: Das Furchtbare ist, dass nur sie überhaupt <u>Pfade</u> waren, dass alles andere nur Morast, Dickicht, das Chaos des Verfalls ist. Es wird keinen Ausweg geben, bevor wir nicht wissen, warum aus der grossen Tradition keine Wege gebahnt wurden, so dass die Hintertreppen-Tradition die Pfade vorzeichnen konnte.«[10]

Pfade des Unrechts. Ein Titel, der Unterschiedliches mischt. Zuerst eine Metapher – Pfade, keine Wege. Drum herum Morast und Dickicht, unwegsames, undurchdringliches Terrain. Dann ein Begriff – »Unrecht«, wodurch der Kontext erweitert wird. Eine Kombination, die eine große Spannung erzeugt. In der zitierten Passage leuchten Wege auf wie eine Möglichkeit, die sich nicht verwirklichte. Wege, die sich aus der »grossen Tradition« hätten ergeben können. Wege des Rechts womöglich. Zwischen Pfaden und Wegen liegt damit eine Welt. Die Pfade wurden Wirklichkeit, nicht aber die Wege. Pfade schlagen sich durch; sie führen durch unwegsames Gelände, so unwegsam, daß niemand folgen sollte. Und doch waren es die Pfade, die das Jahrhundert prägten, nicht die Wege.

Die Frage stellt sich nun, an welchen Kreuzungen die Wege ausgeschlagen wurden. Ist dies eine Frage, die an die Geschichte zu stellen ist? An die Tradition politischen und philosophischen Denkens? In welches Verhältnis sind diese beiden Annäherungen zu setzen? In einer Aufzeichnung, die kurz nach der eben zitierten entstand, kommt Hannah Arendt noch einmal auf die Pfade zurück: »›Pfade des Un-rechts‹ – antisemitisch – imperialistisch – weltgeschichtlich – totalitär –. Wie kommt es, daß nur die Pfade des Unrechts gangbar waren, relevant waren, überhaupt noch einen Bezug zu den wirklichen Fragen, Schwierigkeiten und Katastrophen hatten und dass es Pfade des Rechten überhaupt nicht gab und nicht gibt? Dies ist die Kardinalfrage.«[11]

Vier Pfade, die auf drei Substantive treffen. Es gab Fragen, Schwierigkeiten und Katastrophen. Wie so oft bei Hannah Arendt verbindet das »und« Elemente aus ganz unterschiedlichen Ordnungen. Schwierigkeiten und Fragen bewegen sich auf einer ähnlichen Ebene. Auf der der Reflexion. Die Katastrophen aber nur, wenn sie aus ihrer üblichen Bedeutung als Beschreibung eines Ereignisses gelöst werden. Dann könnten sie eine Umkehr, eine Wendung bezeichnen. Auch im Denken. Das »und« wäre dann der Punkt, wo die »wirklichen Fragen und Schwierigkeiten« eine Umkehr, eine Wendung hätten herbeiführen können. Die »Kardinalfrage«, warum das nicht möglich war und immer noch nicht möglich ist, bleibt am Ende der großen Untersuchung offen.

In einem großen Brief über die *Elemente und Ursprünge totaler Herrschaft*, ein Titel, der aus Hannah Arendts Sicht etwas besser gelungen war, sieht Karl Jaspers hier eine Aufgabe für den Leser: »Dann Ihr Buch, in dem ich, obgleich ich es kenne, zur Ermunterung noch vieles las, immer entschiedener überzeugt, daß hier etwas für unsere politische Welt Entscheidendes zum ersten Mal (obgleich alle vom Totalitarismus reden) aus Hellsicht zwingend konstruiert ist. Jeder Politiker müßte es heute lesen und verstehen. Es ist wie die Diagnose und Symptomatologie einer Pilzkrankheit, die aus sich selber wuchert und alles auffrißt. Deren Träger sind intelligent wie solche Pilze, weil sie instinktiv denkend tun, was in diesen Zusammenhang gehört, fähig dazu, auch in Folge ihres Wesensnihilismus, der keine menschlichen Widerstände übrig läßt. Dadurch haben sie Begabung, dem Gesetz dieser Krankheit zu gehorchen, ohne sie im Ganzen zu begreifen. Der Weg führt zur Selbstzerstörung des Menschen und dieser Pilze selber, die zugrunde gehen, wenn der Leib stirbt, dessen sie sich bemächtigt haben. Sie erst haben in Ihrem Buch mit einer großartigen Nüchternheit aus Ihrem Schrecken die Einsicht hervorgebracht, die nun in ihren Verzweigungen, ihrer Vielseitigkeit, ihren Konsequenzen Gegenstand eines Studiums werden muß, das mit Fleiß durchzuführen hat, wer Sie verstehen will. Durch Ihre glänzende, dramatische Darstellung, Ihre anschaulichen Beobachtungen, haben Sie es scheinbar leicht gemacht (Lotte, die übrigens, glaube ich, richtig versteht, las in kurzer Zeit das herrliche Buch ›wie einen Roman‹), aber man kann sich durchaus auch täuschen lassen.«[12]

Hannah Arendt hat aus Jaspers' Sicht also ein Buch veröffentlicht, das von seinen Lesern weitergeschrieben werden muß. Das Buch zu verstehen ist nicht einfach Resultat der Lektüre; es wird erst dann verstanden worden sein, wenn der Leser sich selbst in ein Studium gestürzt und weitergearbeitet hat. Es sei ein Mut, so zu schreiben, fährt Jaspers fort. Die Schreiberin habe zugelassen, daß der »Autor« dieses Buches »klüger sei, als er selber wisse«: »Es ist, als ob der Autor noch eine Instinktivität bewahre, die nicht durch intellektuelle Apparatur, sondern durch ständiges, an den heterogensten Punkten wieder ursprüngliches Sehen eine verborgene Systematik des Ganzen an den Tag bringe, ohne sie selbst eigentlich im Ganzen zu wissen – nicht viel anders, als die instinktive Sehkraft eines Klinikers alle die Züge einer neuen Krankheit, die zusammengehören, ohne daß er recht weiß wie, Schritt für Schritt entdeckt.«[13]

～

Wie aber nun weiter? Wie läßt sich die Frage nach den ausgeschlagenen »Wegen des Rechts« so bewegen, daß Geschichte nicht in einer falschen Folgerichtigkeit erscheint? Ist das eine politische, eine theoretische Frage? Wie wären Texte zu entwerfen, die den Zusammenhang zwischen Politik und Philosophie nicht als gegebenen voraussetzen, diesen vielmehr im Blick auf die Katastrophen des 20. Jahrhunderts neu denken können? Eine Zeitlang spielte Hannah Arendt mit dem Gedanken, der Metapher des Weges weiter zu folgen: »Eindrucksvoll war mir Hannahs Unterscheidung eines Höhen- und Tiefenwegs der modernen Geschichte: in ihrem Buch der Tiefenweg, darum kein Wort von Marx. Das neue Buch soll den Höhenweg nachholen. Sie will in ihrem Respekt vor dem Geiste die großen Denker nicht mitverantwortlich machen für das Unheil, das in der Realität entsprungen ist, die ihr Buch analysiert. Es ist ein schöner hoher Blick, den sie hier vollzieht«, so Karl Jaspers am 21. Juli 1952 nach langen Gesprächen mit Hannah Arendt an Heinrich Blücher.[14]

Im Januar 1953 schrieb Hannah Arendt eine Notiz in ihr *Denktagebuch*, die eine ganz andere Richtung vorschlägt. Ein Eintrag auf Englisch: »Experimental Notebook of a Political Scientist: To establish a science of politics one needs first to consider all philosophical statements on Man under the assumption that *men*, and not Man, inhabit the earth. The establishment of political science demands a philosophy for which men exist *only* in the plural. Its field is human plurality. Its religious source is the second creationmyth – not Adam and rib, but: Male and female created He them. In this realm of plurality which is the *political* realm, one has to ask all the old questions – what is love, what is friendship, what is solitude, what is acting, thinking, etc., but not the one question of philosophy: Who is Man, nor the *Was kann ich wissen, was darf ich hoffen, was soll ich tun*?«[15]

Ein merkwürdiger Eintrag. In vielerlei Hinsicht. Schon die Überschrift ist vieldeutig: »Experimental Notebook of a

51

Political Scientist«. Ist das als Programm für die Schreiberin zu verstehen? Als Programm für das neue Jahr, das gerade beginnt? Oder ist damit ein Programm für irgendeinen »Political Scientist« gemeint? Und was bedeutet »Experimental Notebook«? Eine andere Art *Denktagebuch*? Oder soll politische Theorie in Form eines »notebooks« geschrieben werden?

Alle im zitierten Eintrag genannten Fragen werden in den fünfziger Jahren in den vielen Texten erörtert, an denen Hannah Arendt – oft parallel – arbeitet. Bis auf zwei: »what is love, what is friendship«. Nirgendwo werden sie zum Ausgangspunkt einer politischen Theorie. Dabei stehen sie hier am Beginn; von ihnen aus soll gedacht werden. Lesen wir die Passage vom Ende her. Lesen wir den Sprung vom Englischen ins Deutsche. Alles soll gefragt werden, »but not the one question of philosophy: Who is Man, nor the *Was kann ich wissen, was darf ich hoffen, was soll ich tun*?« Die drei auf deutsch formulierten Fragen sind die Kernfragen von Kants Philosophie. In der zitierten Passage sind sie nicht als Zitate ausgewiesen. Man zitiere, so schrieb Hannah Arendt, »doch nur, um Zeugen zu haben, auch Freunde.«[16] Hier hat die Schreiberin in Kant offenbar weder einen Zeugen noch einen Freund. Von der Philosophie zu einer »political science« führt offenbar ein einsamer Weg. Das bedeutet aber umgekehrt, daß alle Publikationen zu einer »political science« an diesen Kernfragen vorbeischießen. Daß sie nach wie vor offen, womöglich sogar nicht einmal gestellt sind. Vielleicht, so könnte man vermuten, können sie nur im *Denktagebuch* und im nie geschriebenen »Experimental Notebook« ihren Ort finden. In fragmentarischen Texten, montiert aus Zitaten und Überlegungen. Vielleicht sind sie kein Thema, das erörtert werden kann, sondern Schreibweisen. Zitate aus befreundeten Texten – ein Akt der Freundschaft. Zitate aus Gedichten – ein Akt der Liebe. Wenn die Sprache der Liebe der poetischen Sprache nahekommt, wie Arendt schreibt, ist die Frage nach der Liebe womöglich diskursiv nur in Annäherungen abzuhandeln.

So war das Programm für den »political scientist« nicht zu schreiben, für den Liebe, für den Freundschaft an erster Stelle standen. Auch das Buch war nicht zu schreiben, in dem dieser neue Zugriff seinen Raum gefunden hätte. Und doch. Alle Bücher, die Hannah Arendt anstelle dieses ungeschriebenen Buches schrieb, haben Liebe und Freundschaft wenn nicht zum Inhalt, dann doch als Adresse. *On Revolution* ist Gertrud und Karl Jaspers gewidmet, in »Reverence, in friendship, in love«, »in Verehrung, in Freundschaft, in Liebe«. *Between Past and Future* ist für Heinrich Blücher, Hannah Arendts Mann. *The Human Condition* geht ohne Widmung in die Welt. Doch in Hannah Arendts Nachlaß fand sich ein Zettel, der die fehlende Widmung nachträgt: »Re Vita Activa: / Die Widmung dieses Buches ist ausgespart, / Wie sollte ich es Dir widmen, / dem Vertrauten, / dem ich die Treue gehalten / und nicht gehalten habe, / Und beides in Liebe.«[17] Die deutsche Fassung des Buches ist an Martin Heidegger adressiert. Im Unterschied zu allen gedruckten Widmungen arbeitet diese nicht mit dem Eigennamen und auch nicht mit der Bestimmung des Verhältnisses von Schreiberin und Adressat. Statt dessen expliziert sie noch einmal Hannah Arendts Definition der Liebe. Während die Freundschaft die Treue zum Freund zur Grundlage hat, muß die Liebe dem Ereignis der Liebe treu bleiben. Treue also nicht zum einmal Geliebten, sondern zur Liebe.

»Dem ich die Treue gehalten / und nicht gehalten habe, / und beides in Liebe« – diese Formulierung hält eine Ambivalenz. Dem Ereignis der Liebe hat Hannah Arendt die Treue gehalten. Dem Geliebten – Martin Heidegger – aber nur bedingt. Die Treue zur Liebe erforderte, daß sich irgendwann die Liebe zu einem anderen Menschen in den Vordergrund drängte. Die zu Heinrich Blücher, dem geliebten Menschen, der nicht schreiben konnte. Er war der Ko-Autor oder besser Ko-Denker der Studie über den Totalitarismus, das erste ihm gewidmete Buch. Beide, Hannah Arendt und Heinrich Blücher, sprachen immer wieder davon, daß dieses Buch im Gespräch des Paares entstanden sei. »To Heinrich Blücher« – so die Widmung, die die persönliche Beziehung der beiden »Autoren« der Öffentlichkeit nicht preisgibt. *Between Past und Future. Six Exercises in Political Thought* dagegen is »For Heinrich after twenty-five years«. Damit ist angedeutet, daß der Adressat mit der Schreiberin das Leben teilt. Freundschaften zählen nicht nach Jahren.

Hannah Arendts Aufzeichnungen im *Denktagebuch* begannen nach Abschluß der Studie über totale Herrschaft. Sie enden 1970 mit einem präzisen Datum: »den 25. November. Am 31. Oktober ist Heinrich gestorben, sehr plötzlich, sehr schnell in siebeneinhalb Stunden. Am 4. November war die Trauerfeier, am 15. die Beisetzung der Urne in Bard.«[18] Der Tod Heinrich Blüchers, mit dem Hannah Arendt seit 1936 zusammengelebt hatte, zerstört die Schreibkonstellation, in der auch all die veröffentlichten Texte entstanden. Die Schreiberin beginnt zwar noch ein neues Heft: »1971. Ohne Heinrich.«[19] Doch anders als alle anderen Hefte enthält dieses fast nur noch Reiserouten. Auch das dialogische Ich des *Denktagebuchs* war auf ein Du verwiesen. Auf ein Gespräch, nicht nur mit der inneren Stimme, sondern mit der Stimme eines anderen Menschen. Nach dessen Verstummen verstummt auch das Ich.

~

Das »Notebook« war nicht das einzige Projekt, das Hannah Arendt nach Abschluß des Buches über totale Herrschaft ins Auge faßte, begann – und nicht beendete. Es gab mindestens noch zwei andere. Im August 1955 schrieb sie an Karl Jaspers: »Ja, die Weite der Welt möchte ich Ihnen diesmal bringen. Ich habe so spät, eigentlich erst in den letzten Jahren, angefangen die Welt wirklich zu lieben, daß ich es eigentlich können müßte. Aus Dankbarkeit will ich mein Buch ›Amor Mundi‹ nennen. Davon will [ich] die Kapitel über Arbeit in diesem Winter schreiben«.[20]

In einem Eintrag im *Denktagebuch* vom April 1955 findet sich eine Skizze für dieses Projekt: »Amor Mundi. Introduction: The Broken Thread of Tradition as a sort of justification for the whole enterprise. Then a series of treatise all dealing with one question: What is it in the Human Condition that makes politics possible and necessary? Or: Why is there somebody and not rather nobody? (The double threat of nothingness and nobody-ness.) Or: Why are we in the plural and not in the singular?«[21]

Ein Denkweg wird vorgeschlagen, den Hannah Arendt erst sehr viel später, in *The Life of the Mind*, wieder aufnehmen wird. Oder auch nicht. Denn in dieser Studie ist von Leibniz' Frage »Pourquoi il y a plutôt quelque chose que rien?« kein Bogen zu der Frage zu schlagen, die für *Amor Mundi* im Mittelpunkt stehen sollte: Was macht Politik möglich und notwendig? Hier stellt Leibniz die »Grundfrage der Metaphysik«, die das »Erschrecken des Philosophen« bedingt. Heidegger nimmt sie auf und formuliert sie um: »Warum ist überhaupt Seiendes und nicht vielmehr Nichts?« Sie stellte sich für Kant ebenso wie für Schelling, der sie als »letzte verzweiflungsvolle Frage« bezeichnete. Von Schelling wandert der Text über Sartres *Ekel* zu einem langen Zitat aus Nietzsches *Fröhlicher Wissenschaft*. Wobei die Fragen der Philosophen eher en passant gestreift werden, während Sartres Roman ausführlich zu Wort kommt. Vielleicht weil hier ein Ich spricht. Weil hier ein Individuum angesichts der verzweiflungsvollen Frage nicht nur nachdenkt, sondern »schreit«: »›Dreck! dieser elende Dreck!‹ … aber es klebte, und es war soviel da, Tonnen und aber Tonnen von Existenz, ohne Ende.«²² Auch bei Nietzsche spricht jemand: »Wie, wenn dir … ein Dämon … sagte: ›Dieses Leben, wie du es jetzt lebst …, wirst du … noch unzählige Male leben müssen; und es wird nichts Neues daran sein, sondern jeder Schmerz und jede Lust und jeder Gedanke und Seufzer … muß dir wieder kommen, und alles in derselben Reihe und Folge.‹«²³

In *The Life of the Mind* also ein Weg von der »Grundfrage der Metaphysik« hin zu Texten, in denen diese zu einem Schrei, zu einem Gedanken wird, der »dich verwandeln und vielleicht zermalmen«²⁴ kann. Anders in der Skizze für *Amor Mundi*. Hier ist Leibniz' Frage in ein anderes Reich gewandert. Nicht die Philosophen werden von ihr umgetrieben und auch nicht die, die sie in literarisierende Darstellungsweisen übertragen. »Why is there somebody and not rather nobody?« – steht in der Mitte einer dreigliedrigen Kette von Fragen, deren Anfang die nach der Politik bildet: »What is it in the Human Condition that makes politics possible and necessary?« Verbunden sind die drei Teile durch ein »or« – »oder«. Was also hält diese lose Kette zusammen? Ist es dieselbe Frage, dreimal unterschiedlich gestellt? Oder steht die Schreiberin vor drei möglichen Zugängen zum Terrain des Politischen?

Eine Variante dieser Überlegung – ungefähr zur gleichen Zeit, dieses Mal auf deutsch notiert: »Warum ist überhaupt Jemand und nicht vielmehr Niemand? Das ist *die* Frage der Politik … Der Jemand ist da, die Schöpfung zu hüten; der Niemand kann sie zerstören. Wenn wir sie zerstört haben und uns einer fragt, werden wir antworten: Niemand hat es getan. Die Wüste des Nichts, bevölkert vom Volk der Niemand.«[25] Wer fragt »uns« hier? Der Dämon aus Nietzsches *Fröhlicher Wissenschaft*? Und wer ist »wir«? Warum sind wir im »Niemand« verbunden, als Instanz, die zerstört? Wer ist noch da, um uns zu fragen, uns, die wir die Schöpfung zerstört haben werden?

Anders als in der englischen Skizze tritt hier der Leibnizschen Frage ein Bild zur Seite, das Hannah Arendt Nietzsches *Zarathustra* entnimmt: »Die Wüste wächst: weh Dem, der Wüsten birgt!«[26] Doch in ihrer Aufzeichnung wächst die Wüste nicht, sie bezeichnet das Resultat einer Zerstörung. Eines Umschlags von Jemand zu Niemand. Von Schöpfung zu Wüste. »Wüste« wird in den Fragmenten, die in den folgenden Jahren entstehen, zum Schlüsselwort, gerade weil es seine Bedeutung so stark ändert. Manchmal ist Wüste nicht Resultat von etwas, sondern immer schon gegeben: »Durch die Flucht in die Politik verschleppen wir die Wüste überall hin – Religion, Philosophie, Kunst. Wir ruinieren die Oasen.«[27] Nicht Schöpfung und Wüste korrespondieren hier, sondern Wüste und Oase. Wobei Oase der Bereich ist, den die Politik nicht erreichen darf: »Die Oasen sind all jene Felder des Lebens, die unabhängig oder großenteils unabhängig von politischen Bedingungen existieren. Was schiefgegangen ist, ist die Politik, das heißt wir, insofern wir im Plural existieren – und nicht das, was wir tun und herstellen können, insofern wir im Singular existieren: in der Abgeschiedenheit wie der Künstler, in der Einsamkeit wie der Philosoph, in der eigentlich weltlosen Beziehung zwischen Mensch und Mensch, wie sie in der Liebe und manchmal in der Freundschaft gegeben ist (wenn, in der Freundschaft, ein Herz sich direkt dem anderen zuwendet, oder wenn, in der Liebe, das Zwischen, die Welt, in der Leidenschaft des Zwischen in Flammen aufgeht).«[28]

Beide Male wird »Oase« mit einem Scheitern verbunden. Etwas ist schiefgegangen; jemand flieht in die Politik. Wüste und Oase treten nur dann in den Texten auf, wenn es um Mißlungenes, Mißglücktes geht.

Amor Mundi – diesem schönen Titel wollte kein Buch korrespondieren. Er spiegelt ein Problem, das Hannah Arendt lange begleiten sollte. Je genauer das Verhältnis von Politik und Philosophie ausgeleuchtet wird, je präziser es gedacht wird, desto mehr verflüchtigen sich die beiden Begriffe. Desto dringender stellt sich die Frage, wie die Welt und unsere Verhältnisse zu ihr, in ihr zu entwerfen ist. »*Amor Mundi* – warum ist es so schwer, die Welt zu lieben?«[29]

~

Im Herbst 1955 lernt Hannah Arendt im Haus von Gertrud und Karl Jaspers den Verleger Klaus Piper kennen. Aus der Begegnung wächst ein neues Buchprojekt. Der Titel, ganz schlicht: *Einführung in die Politik*. Auch dieses Buch wird sie nicht zu Ende bringen; die überlieferten Fragmente wurden erst 1993 von Ursula Ludz aus dem Nachlaß veröffentlicht. Wo aber beginnt eine Einführung? Bei welcher Frage? Zwei Fragmente gehen von »Vorurteilen« gegen Politik aus, eines stellt den »Sinn von Politik« an den Anfang.[30] Von dort gibt es einen Weg zu einem zweiten Kapitel, das sich mit der »Kriegsfrage«[31] befaßt. Und wieder ein Abbruch. Ein nächster Versuch geht noch einmal von der Frage nach dem Sinn der Politik aus, landet aber schon im zweiten Satz im »Zeitalter von Kriegen und Revolutionen, das Lenin diesem Jahrhundert vorausgesagt und in dem wir nun wirklich leben«.[32] Diese seien die prägenden Erfahrungen, nicht die parlamentarischen Demokratien.

Doch auch dieser Anfang findet keine Fortsetzung. Wie auch wäre ein Weg von Kriegen und Revolutionen hin zu einer Einführung in Politik zu finden? Nach ein paar Jahren sind daraus zwei geplante Bücher geworden. Zuerst das über die Signatur des 20. Jahrhunderts, dann die eigentliche Einführung, die sich in erster Linie mit Macht und Gewalt befassen sollte.

Am Ende wird es ein Buch über *The Human Condition* geben und eines über Revolutionen, doch in diesem spielen die des 20. Jahrhunderts so gut wie keine Rolle. Der historische Raum von *On Revolution* ist das 18. Jahrhundert. Es wird kein Buch über Kriege geben, keines, das dem »und« zwischen Krieg und Revolution nachfragt. Auch *On Violence,* deutsch *Macht und Gewalt*, ist nicht im Stile einer Einführung geschrieben. Die Frage ist inzwischen so komplex geworden, daß Hannah Arendt mit einer neuen Darstellungsform experimentiert: Keines der drei Kapitel trägt einen Titel. Vielmehr sind sie mit römischen Ziffern bezeichnet, verraten dem Leser daher nicht, welcher Struktur, welchem Gedankengang das Buch folgt. Das einzige Wort im Inhaltsverzeichnis führt auf Ab- und Umwege: »Exkurse«[33]. Sechzehn sind dem Text beigegeben.

Und noch ein Buch wird es geben: *Between Past and Future*. Das einzige, das zu Hannah Arendts Lebzeiten nicht den Weg ins Deutsche fand.[34] In einer Passage im »Preface« scheint auf, was in all den Büchern mit den fürchterlichen Titeln keinen Ort, keinen Namen fand: »The history of revolutions – from the summer of 1776 in Philadelphia and the summer of 1789 in Paris to the autumn of 1956 in Budapest – which politically spells out the innermost story of the modern age, could be told in parable form as a tale of an age-old treasure which, under the most varied circumstances, appears abruptly, unexpectedly, and disappears again, under different mysterious conditions, as though it were a fata morgana. There exist, indeed, many good reasons to believe that the treasure was never a reality but a mirage, that we deal here not with anything substantial but with an apparition, and the best of these reasons is that the treasure thus far has remained nameless. Does something exist, not in outer space but in the world and the affairs of men on earth, which has not even a name? Unicorns and fairy queens seem to possess more reality than the lost treasure of the revolutions.«[35]

EIN KUSS AUF DER BRÜCKE

Ein Traum. Aufgeschrieben am 9. November 1968: »Heute nacht träumte ich von Kurt Blumenfeld – ich denke, zum ersten Mal in meinem Leben. Ich traf ihn im Traum unerwartet auf einer schönen Brücke im Wald. Er nahm die Zigarre aus dem Munde, um mich zu küssen. Ich sagte: ›Bist du es auch? Ich kann mich doch nicht von einem fremden Mann küssen lassen.‹ Aber lachend. Wusste im Traum nicht, dass er tot ist. Wachte lachend auf. Aus Freude über das unerwartete Wiedersehen.«[1]

Gleich zweimal fällt das Wort »unerwartet«. Zweimal auch »lachend«. Wodurch das Lachen selbst eine Art Brücke zwischen Traum und Wachen schlägt. Ein Traum von einer Begegnung, der selbst unendlich viele Begegnungen eröffnet. Wo aber, auf welcher Brücke trifft Hannah Arendt auf Kurt Blumenfeld? In einer Nacht zum 9. November?

Seit 1926 waren die beiden befreundet. Blumenfeld – wie Hermann Broch und Karl Jaspers ein Freund, der erheblich älter war als Hannah Arendt.[2] Ein Freund, dem Hannah Arendt sich in Liebe verbunden fühlte: »Mein geliebtes Hannahchen, ich küsse Dich herzlich«, so beginnt einer von Blumenfelds Briefen. Und sie antwortet: »Mein lieber, geliebter Kurt«[3], schreibt ihm Briefe »nur der Liebe wegen«[4].

61

Kurt Blumenfeld, von dem Hannah Arendt gelernt hatte, daß es *eine* Brücke nicht gibt, nicht geben kann. Die der »Assimilation« der Juden in Deutschland. Er hatte ihr die Augen darüber geöffnet, welche ungeheure Gefahr in dieser Vorstellung liegt – der 9. November 1938 bestätigte dies.

Dieses Wissen, das die beiden Korrespondenten teilen, schlägt eine Brücke: »Daß es Dich gibt, entzückt mich noch heute wie damals, als ich Dich zum ersten Mal hörte. Aber danken muß ich Dir für all die Jahre und für das, was Du mir damals bereits und dann immer wieder eindringlicher nahebrachtest und was ich von mir her nicht kannte. Du weißt, ich habe nie ›Schüler‹ sein können, aber so weit ich es je darin gebracht habe, bin ich in der Judenfrage und mehr als das, in der Politik Deine Schülerin. Was ich damals und später gelernt habe, habe ich nie vergessen und werde es nie vergessen. Bei Dir ist mir Politisches überhaupt zum ersten Mal und unentreißbar lebendig geworden«,[5] so Hannah Arendt in einem Brief vom 24. Mai 1954.

Eine Freundschaft mit Spannungen. Nach der Begegnung in den zwanziger Jahren schlugen die Freunde immer wieder so unterschiedliche Wege ein, daß es zum Streit kam. Zuletzt über *Eichmann in Jerusalem*. Ob es da vor Blumenfelds Tod noch zu einer Verständigung kam, wissen wir nicht. Der Brücke im Traum näherten sich die Freunde sicher aus unterschiedlichen Richtungen. Wohin es von der Brücke aus gehen könnte, läßt der Traum offen. Auf der Brücke – eine Frage: »Bist Du es auch?« Oder ein »fremder Mann«? Von einem fremden Mann könne sie sich nicht küssen lassen, sagt das Ich. Für diesen Kuß, der sich im Traum nicht ereignet, muß sich der Mann, der sich nähert, erst die Zigarre aus dem Mund nehmen. Oder müßte. Vom Kuß erzählt der Traum nicht. Ein Freundschaftskuß – ein Kuß der Liebe?

Ein seltsamer Traum. Erzählt im Stakkato. Sätze, die mit Verben beginnen. Epische Züge zeigt nur der Satz mit der Brücke. Eine Brücke – kein Ort des Bleibens. Doch die beiden Seiten, die durch die Brücke verbunden sind, müssen fest sein. Sonst gäbe es nichts dazwischen. Dazwischen – sicher kein Abgrund. Von Abgründen war im Briefwechsel durchaus die Rede: »Ja, die Einsamkeit wird immer größer, und der Abstand zwischen dem, was man selbst macht und denkt, und dem, was die anderen treiben und meinen, wird zu einer Art Abgrund, über den zu springen man noch nicht einmal sonderlich Lust hat – gesetzt man könnte es«,[6] schreibt Hannah Arendt am 16. November 1953.

Kein Weg über Abgründe – in die wird man geworfen, wie der Knabe aus Brechts *Jasager*. Wie eine Brücke für den Freund dagegen eine Geste: Als die deutsche Fassung der *Totalen Herrschaft* erscheint, widmet Hannah Arendt das Kapitel, das den Antisemitismus untersucht, »Kurt Blumenfeld zum 70. Geburtstag«.[7] Und er schreibt, daß diese Widmung »wahrscheinlich die einzige geistige Leistung sein wird, die von mir übrig bleibt.«[8] In einem Buch, das auf deutsch »dichter und fester«[9] sei als im Englischen, dessen Pfeiler also einen stabileren Sockel haben. Die deutsche Sprache, eine Brücke, auf der die Korrespondenten sich begegnen. Beide haben diese Sprache mit in die Emigration genommen. Blumenfeld, seit 1933 in Palästina, schreibt immer wieder davon, »daß der Boykott der deutschen Sprache, der bis heute in Israel gilt, dem geistigen Niveau – wenn man von einem solchen überhaupt reden kann – schädlich ist«.[10] Der hastige Wechsel vieler Emigranten in eine neue Sprache wird von

Hannah Arendt in vielen Briefen kritisiert, karikiert. Ein ungeheurer Verlust – fürs Denken und fürs Schreiben. Denn: »Wir wissen doch, was Sprache bedeutet und wie es durchaus unmöglich ist, innerhalb einer oder auch mehrerer Generationen eine Sprache wirklich zu lernen.«[11]

Eine Begegnung im Wald. Ein seltsamer Ort, um mit Kurt Blumenfeld zusammenzutreffen. Eine schöne Brücke. Ein Wald, der kein Adjektiv verträgt. Begegnung mit einem »Lehrer«. Ein Kuß? Vielleicht spielt noch ein anderer Brükkenbauer in den Traum hinein. Jemand, der davon träumt, mit Hannah Arendt auf Waldwegen unterwegs zu sein: »In all diesem Denken bist Du so nah. Und dann träume ich – Du möchtest doch hier wohnen, Waldwege, sich kreuzende, gehen, alles stille Walten der Dinge mittragen und in der Mitte der letzten Freude dasein.«[12] Martin Heidegger, dessen »Geschäft der Wald«[13] ist, der Holzwege schlägt und einschlägt. Der ihr nach dem Wiedersehen 1950 den »Glanz der Wege, Wälder und *Berge*« in Deutschlands Süden ans Herz legt.[14] Der ihr schreibt, daß nur die Liebenden das Schöne erreichen: »Wer reicht in die Tiefe des Schönen, wer anders als die Liebenden.«[15] »Bist du es auch? Ich kann mich doch nicht von einem fremden Mann küssen lassen«, fragt das Ich im Traum – lachend. Du – und doch nicht Du?

Martin Heidegger – liebt den Wald und »fühlt sich in ihm heimisch«. Er ist dort auf Wegen unterwegs, die »nicht zu einem außerhalb des Waldes gelegenen Ziel«[16] führen können; ob sie etwas überbrücken, ist mehr als fraglich. Passagen aus dem Text, den ihm Hannah Arendt ein Jahr nach dem Traum zum 80. Geburtstag schreibt, lassen sich wie eine nachgetragene Deutung ihres Traums lesen. Nicht nur der Wald wird plötzlich zu einem gegebenen Ort. Auch das Lachen, das den Traum so deutlich rhythmisiert, wird lesbar. In ihrem Geburtstagstext ist mehrfach vom Lachen die Rede. Zuerst lacht die »thrakische Bauernmagd« aus Platons Anekdote von Thales, der – seinen Blick zum Himmel gewandt – in einen recht irdischen Brunnen fällt. Dann ist die Rede von Bauernmädchen, die – »bekanntlich« – keine Bücher schreiben. Und wieder vom Lachen – wie im Traum also wiederholt –, mit dem sich die Denker nie angemessen befaßt hätten.[17] Das Ich auf der Brücke tut also etwas, das in der Tradition nie recht einen Platz fand. Lachend. Das, was der womöglich fremde Mann auf der Brücke ihr sagen konnte, hat sie bereits ins Buch gebracht. Lachend. Dem einen »Lehrer« half sie über die Brücke und ließ ihn in die Überlieferung ein. Den andern schrieb sie so um, daß er auf Wegen hilft, die er selbst nicht nur nicht schlagen oder einschlagen, sondern nicht einmal sehen konnte. Über die lachende thrakische Magd richtet noch Hegel, so schreibt Hannah Arendt, weil sie »keinen Sinn für das Höhere habe«. Nun lacht die »Magd« selbst und läßt sich küssen. Von fremden und anderen Männern.

∼

Kurt Blumenfeld – Martin Heidegger. Eine unwahrscheinliche Traumfigur. Und auch wieder nicht. Von beiden hat Hannah Arendt etwas gelernt. Beiden hält sie die Treue – trotz aller Konflikte. Beiden gibt sie ein Gedicht, das einer ihrer Generation geschrieben hat. Ein Gedicht von Bertolt Brecht, den sie in jeden Text webt, der Heidegger gilt.[18] »Durch Dich habe ich Brecht neu kennengelernt«, schreibt Blumenfeld am 26. August 1956. Zusammen mit Heinrich Blücher habe ihm Hannah Arendt Brechts Ballade *Von der*

Entstehung des Buches Taoteking auf dem Weg des Laotse in die Emigration »aus dem Gedächtnis vorgetragen«.[19] Ein Gedicht, das im Gespräch mit Heidegger offenbar eine große Rolle spielte. Als Hannah Arendt ihm ihr Buch über Benjamin und Brecht schickt, genügt eine winzige Andeutung, um die Erinnerung an dieses Gedicht wachzurufen. Die Widmung »Für Martin in Erinnerung an dies und das« beantwortet Heidegger mit der Aufschlüsselung: »In Deiner Widmung hast Du wohl mit Absicht für – dies und das – die Anführungszeichen weggelassen.« »Wenig«[20] werde er in sein Arbeitszimmer im neuen Haus mitnehmen, so zitiert Heidegger nun – mit Anführungszeichen – dieselbe Strophe aus Brechts Gedicht: »Und er packte ein, was er so brauchte: / Wenig. Doch es wurde dies und das.« Unter den Dingen, die Laotse in die Emigration mitnimmt, ist zwar keine Zigarre, aber doch eine »Pfeife, die er abends immer rauchte.«

In ihrer Antwort auf Blumenfelds Brief über Brecht zitiert Hannah Arendt Brechts *Choral vom Manne Baal*, und zwar die beiden Strophen, die sie der *Vita activa* als Motto beigeben wird. Dem Buch also, das Heidegger gewidmet werden sollte. Offenbar zitiert sie auswendig, denn dabei unterläuft ihr ein interessanter »Verschreiber«: »Jung und stark und ungeheuer wundersam« ist der Himmel in ihrer Version. Bei Brecht ist er »jung und nackt und ungeheuer wundersam«.

Ein Kuß auf der Brücke. In einem Traum, der entgegen den Gewohnheiten des *Denktagebuchs* genau datiert wird. Die Eintragungen sind sonst nach Monaten, nicht nach Tagen gegliedert. Wenn ein Tag bezeichnet wird, dann fällt dies aus dem Rhythmus. Eintragungen unter einem genauen Datum – Tag, Monat, Jahr – bezeichnen tiefe Ein-

schnitte. Auf der Brücke die Begegnung mit einem Rau-
cher. Bertolt Brecht rauchte, Heinrich Blücher rauchte. Zigarre der eine, Zigarre und Pfeife der andere. Als der
Mensch stirbt, mit dem Hannah Arendt so lange gelebt
hatte, bekommt er als Epitaph – eine Strophe aus einer
Ballade von Bertolt Brecht: »Einer zog aus mit dem, was ihm
zu eigen, / Mit Erde und Pferd, mit Langmut und Schwei-
gen. / Dann kamen noch Himmel und Geier dazu.«[21] Eine
Strophe aus der »Ballade vom Mazeppa«. Ist auch Heinrich
Blücher mit auf der Brücke? Immer wieder verwebt Hannah Arendt Gedanken, die sie von ihm bekam, in ihre Lek-
türen. Sehr scharf seine Reaktionen auf die *Holzwege* von
Heidegger: Mit diesem Buch habe Heidegger sich »verbie-
stert auf den Wegen im tiefen Walde«,[22] schreibt Blücher in
einem Brief an Hannah Arendt. Ausgewiesen durch Widmungen ihrer Bücher, hat sie ihrem Mann Brücken in die
schriftliche Überlieferung gebaut. Brücken, von denen Kurt
Blumenfeld weiß: Von »›the unpublished political philosophy of the person to whom it [das Buch über den Totalita-
rismus] is dedicated‹ halte ich viel«,[23] schreibt er an Hannah
Arendt; und diese antwortet: »Mit Heinrich im Rücken
kann mir gar nichts passieren«.[24]

～

»Es gibt wenig Menschen, die imstande sind, Zeiten und
Generationen zu verstehen«,[25] schreibt Kurt Blumenfeld an
Hannah Arendt. In diesem Verstehen trifft er sich mit sei-
ner Korrespondentin. Generationen. Eine Denkfigur, die in
Hannah Arendts Nachdenken über den Traditionsbruch
eine große Rolle spielt. Ein Bruch, der nicht überbrückt

werden kann. Im Januar 1953, also kurz bevor sie Blumenfeld das Kapitel über den Antisemitismus widmet, notiert Hannah Arendt eine Serie von Aufzeichnungen in ihr *Denktagebuch*, die sich alle mit dem Traditionsbruch befassen.

»Traditionsbruch: Eigentlich, d. h. in diesem Fall römisch gedacht, der Bruch in der Nachfolge, ›successio‹, der Generationen, die voneinander das Überlieferte empfingen und es weitergaben und sich so gleichsam durch die Jahrtausende, in <u>chronologischer</u> Reihenfolge, an der Hand hielten. Der Bruch war vorgezeichnet im Generationsbruch nach dem Ersten Weltkrieg, aber nicht vollzogen, insofern das Bewusstsein des Bruches noch das Gedächtnis an die Tradition voraussetzte und den Bruch prinzipiell reparabel machte. Der Bruch erfolgte erst nach dem Zweiten Weltkrieg, als er als Bruch gar nicht mehr notiert wurde.«[26]

Ein schwieriger Gedanke. Von einem Bruch ist die Rede, der eine jahrhundertealte Kette zerstört. Er kündigt sich an, als er noch nicht gedacht werden konnte. Als er dann stattfand, wird er nicht bemerkt. Wie also vollzog sich dieser Bruch, der im Bewußtsein offenbar nicht einfach nachvollziehbar war? »Der Bruch war vorgezeichnet im Generationsbruch nach dem Ersten Weltkrieg« – so beginnt die Reflexion. Irgend etwas bedingt, daß die Generationen, die sich so lange »an der Hand hielten«, plötzlich den Halt verlieren. Sich nicht mehr gegenseitig halten. Doch dieser Generationsbruch ist noch nicht der Traditionsbruch. Etwas kommt dazu. Etwas, das sich auf der Ebene des Reflektierens abspielt. Um von diesem Bruch zu wissen, braucht es »das Gedächtnis an die Tradition«. Solange dieses Gedächtnis vorhanden ist, bleibt der Bruch »prinzipiell reparabel«. Was aber macht ihn irreparabel? Nichts Neues, sondern eine

Wiederholung. Zweimal ist in der zitierten Passage von einem Datum die Rede, einem Datum, das sich sprachlich wiederholt: »nach dem Ersten Weltkrieg«, »nach dem Zweiten Weltkrieg«. Eine vage Zeit. Danach. In diesem Danach bricht die Nachfolge, die »successio« der Generationen. Sie bricht nicht im Bewußtsein, sonst wäre sie immer noch »prinzipiell reparabel«. Wo aber bricht sie dann? Oder anders gefragt: Wie ging das Gedächtnis an die Tradition verloren, so daß »gar nicht mehr notiert wurde«, daß etwas und was genau zerbrach? »Nach dem Zweiten Weltkrieg« scheint es keine Generation mehr zu geben, so losgekettet wie auch immer von den voraufgehenden, die den Bruch reflektieren könnte. Zumindest nicht in Deutschland.

In einem Aufsatz über Bertolt Brecht, 1971 veröffentlicht, scheint der Traditionsbruch wie durch Europa zu wandern und sich zeitverschoben zu ereignen. In Deutschland geschah in den zwanziger Jahren, was erst das Frankreich der vierziger und fünfziger Jahre prägte: »der Traditionsbruch als vollendete Tatsache im Politischen, im Kulturellen und in der Gesellschaft«. Für Frankreich bezeugt Jean-Paul Sartre, daß sich die Welt nach dem Zweiten Weltkrieg in einer »furchtbaren, kindlichen Frische« zeige, »als schwebe sie zusammenhanglos im Nichts«. Doch diese Eigenschaft der Welt werde »wenig beachtet«.[27] Offenbar gibt es um Sartre herum keine Generation, die das Wissen um diese unendliche Leere der Welt teilt. Anders die »verlorenen Generationen« zwischen den Kriegen. Über sie schreibt Hannah Arendt in einem früheren Aufsatz über Bertolt Brecht, der 1950 erschien: »Denn es waren die Schlachtfelder des Ersten Weltkrieges, welche die erste Generation des 20. Jahrhunderts in das Leben einführten; es waren Inflation und Arbeitslosigkeit, die die Entwicklung der zweiten entscheidend bestimmten; und die dritte hat sich aussuchen können, ob sie ihr entscheidendes Jugenderlebnis, den Beginn einer ›reinen ruhigen Entwicklung‹, dem Schock des Nazismus (in Deutschland) oder dem spanischen Bürgerkrieg (in anderen Ländern Europas) oder den Moskauer Prozessen (auf der ganzen Welt) verdanken wollte. Es ist bezeichnend für das rasende Tempo dieses Jahrhunderts, daß diese drei Generationen, die, geschichtlich gesehen, drei physiognomisch höchst verschiedenen Epochen angehören, altersmäßig so nahe zusammenliegen, dass sie noch gemeinsam in den Zweiten Weltkrieg gehen konnten – als Soldaten oder Zivilbevölkerung im Bombenregen, als Flüchtlinge und Exilanten, als Mitglieder von Widerstands- und Untergrundbewegungen oder als Insassen von Konzentrationslagern.«[28] Die »drei Generationen« gingen noch »gemeinsam« in den Krieg. Kehren aus ihm zurück mit demselben »geistig-politischen Schema« im Kopf. Nicht mehr als »Generation«; was sie zusammenhielt, läßt sich in die Nachkriegswelt nicht transformieren. Der Bruch wird nicht einmal mehr bemerkt.

In ihrem zweiten Versuch zum Traditionsbruch denkt Hannah Arendt diesen ohne »Agenten«. Keine Instanz, die merkt oder reflektiert: »Tradition – Religion – Autorität – Dreieinig sind sie, nicht zu trennen; die drei Säulen der abendländischen Welt, alle drei von Rom geprägt, alle drei zusammen geborsten.«[29]

In ihrem Essay »Was ist Autorität« wird Hannah Arendt diesen Gedanken später ausarbeiten. Wobei sie gleich im ersten Satz die Formulierung ihres Titels so umschreibt, daß das Bersten der Säulen in Szene gesetzt wird: »Was *war* Autorität?«[30] Schärfer als in der zitierten Sequenz tritt nun hervor, was da wie geborsten ist. Die Tradition bricht hier nicht, vielmehr ist von einem »Zusammenbruch« die Rede. Und von »Traditionsverlust«. Die Kette, die die Generationen geknüpft hatten, ist nun zu einer geworden, »an die jede Generation neu gelegt wurde und durch die ihr die Vergangenheit in einem im vorhinein vorgezeichneten Aspekt erschien.«[31] Nichts öffnet sich, wenn diese Kette nicht mehr bindet, wenn die Vergangenheit zur offenen Frage wird. Keine neue Sicht der Vergangenheit. Im Durchgang durch die griechische Tradition politischer Theoriebildung, nach einem Innehalten bei der römischen Staatsgründung als Beginn abendländischer Politik, verfängt sich der Text in einer Aporie. Jemand, der wie außerhalb der Kette von Generationen steht, sprengt die Denkwelten, die in dieser Tradition begründet waren: Machiavelli. »Wiewohl er dieser Neuzeit noch nicht angehörte, ja kaum erst auf ihrer Schwelle stand, hatte er als erster eine klare Vorstellung von der möglichen Rolle der Revolutionen, auch wenn er das Wort selbst nicht kannte.«[32] Doch – gibt es etwas, das keinen Namen hat? Wenn Machiavelli das Wort nicht kannte, wenn dem Wort keinerlei »Erfahrung« korrespondierte, was konnte er dann denken? Machiavelli – gebunden in eine komplexe Zeitstruktur. Er erst kann denken, was in der römischen Republik praktiziert wurde: Ein Neubeginn, der der griechischen politischen Theorie allererst Autorität verleiht. Er macht »ausdrücklich«, was »die Römer selbst nur gelebt, aber nicht eigentlich gedacht hatten«: daß allein der Akt der Gründung einem politischen Gemeinwesen Halt und Dauer verleihen kann. Indem er dies denken, aufschreiben kann, öffnet er eine Zukunft. Ein Gedanke, den Hannah Arendt wieder im Modus des »wenn – so« formuliert: »Wenn Machiavelli überhaupt der Ahnherr von irgend etwas sein soll, so ist er am ehesten der Vater der modernen Revolutionen«.

Moderne Revolutionen. Die unglaublich produktive Ambivalenz von Hannah Arendts politischer Theorie bündelt sich in dieser Formulierung. In ihrem Essay über *Autorität* sind Revolutionen, die alle, alle den Gründungsakt der römischen Republik wiederholen, kein Aufsprengen der Tradition, sondern eher ein Weiterknüpfen des Bandes der Tradition. Revolutionen inszenieren den Bestand einer Tradition, indem sie einen Neubeginn, eine Gründung wagen. Mit »den Mitteln der Tradition selbst knüpfen sie den gerissenen Faden der Tradition wieder neu«. Doch – und das ist mehr als ein Einwand des reflektierenden Denkens – die Revolutionen seit dem ausgehenden 18. Jahrhundert sind alle gescheitert; aus ihnen entstanden »tyrannische politische Körper«. Nirgendwo sieht Hannah Arendt »wenigstens eine Spur« davon, daß sich aus Revolutionen eine neue Autorität ergeben könnte.[33] Die römischen Säulen sind geborsten. Übrig bleibt – ein Trümmerhaufen.

Anders als bei den Reflexionen im *Denktagebuch* stellt sich im Essay über Autorität nie die Frage danach, wann sich der Traditionsbruch ereignete. Der Text spricht – recht vage – von »heute«, der »Moderne«, der Neuzeit. Ein Vergleich der englischen mit der deutschen Fassung des Essays zeigt, daß die Frage nach dem »wann« vom Ort abhängt, von dem aus der Gedanke gesponnen wird. Wieder bekommen die amerikanischen Leser eine andere Wendung der Gedanken als die deutschen. Die englische Fassung endet mit einem Hoffnungsschimmer: »For to live in a political realm with neither authority nor the concominant awareness that the source of authority transcends power and those who are in power, means to be confronted anew, without the religious trust in sacred beginning and without the protection of traditional and therefore self-evident standards of behavior, by the elementary problems of human living-together.«[34] Am Ende also ein factum brutum – die Menschen leben zusammen. »Living« und »together« sind durch einen Bindestrich verschweißt. Irgendwie muß es gehen. Es gibt eine politische Realität, auch wenn in Amerika alle »nichtpolitischen Bereiche«[35] so furchtbar im argen liegen. Und dennoch bleibt wahr, daß es in den Vereinigten Staaten, dem einzigen modernen Staat, der sich auf einer geglückten, einer relativ gewaltlosen Revolution gründet, die Möglichkeit von Politik gibt.

Was aber bleibt – für Deutschland, Frankreich, für Europa? Für Länder, die Schauplatz gescheiterter Revolutionen, totaler Herrschaft waren? Die deutsche Fassung des Essays über Autorität endet – mit Machiavelli: »Die Krise ist so radikal, daß selbst die von der Tradition noch vorgesehenen äußersten Rettungsmittel« – und als solche bezeichnet Hannah Arendt Revolutionen – »nicht mehr helfen beziehungsweise unzulänglich sind. Im Sinne unserer Erwägungen würde das heißen, daß wir uns von der Idee der Gründung und Neugründung und der … mit ihr unausweichlichen Gewalt nichts versprechen können. Was sich in unserer Zeit durchzusetzen pflegt, ist nicht die Gründung, sondern die Gewalt. Sicher jedenfalls ist, und dies wußte niemand besser als Machiavelli: ›Nichts ist schwerer zu vollbringen, nichts so ungesichert im Erfolg, und nichts so gefährlich, auch nur zu unternehmen, als eine neue Ordnung der Dinge.‹«[36]

Der einzige Ausweg also, der sich bislang bot, ist versperrt. Und damit auch jeder mögliche Weg. Ein Ende mit

Machiavelli. Das ließe sich auch so lesen: Man müßte können, was er konnte. Außerhalb der Erfahrungswelt der »Generation« nicht nur das Vergangene auf den Begriff bringen, sondern auch sehen, ob und was sich ankündigt. Sogar wenn es noch kein Wort dafür gibt. Im Deutschen also – ein Ende auf der Ebene der Reflexion. Die Welt des Politischen scheint weit entfernt.

～

Noch einmal – Traditionsbruch. Im *Denktagebuch* folgt den beiden zitierten Passagen ein dritter Versuch, diesen Bruch zu denken. Er taucht in eine ganz andere Begrifflichkeit: »Traditionsbruch: Erst im Bruch konnte Vergangenheit, in der es keinen Leitfaden mehr gab, als Tiefe erscheinen; wobei das ›Tiefste‹ dann identifiziert wird mit ›Beginn‹, Ursprung etc. – alles rein chronologisch gesehen. Je ›tiefer‹ man in die Vergangenheit herabsteigt, je ›tiefer‹ wird man selbst. Tiefe erhält so einen chronologischen Beigeschmack, und die Dimension, der Raum der möglichen Grösse, ist wieder linear reduziert. Dass diese in die Tiefe führende Linie eine andere Richtung hat als die Linie der Tradition, ist wichtig, ändert aber nichts an der Verfälschung. Man sieht wieder perspektivisch – nur mit andern Vorzeichen. (Heidegger) Dabei hofft man, in der Tiefe Boden zu fassen; der Boden wird zum Ersatz für den Leit- oder Ariadnefaden der Tradition. Aber die Tiefe der Zeit ist bodenlos. Daher ist ›Tiefgang‹ immer noch ein Ausdruck – wenn auch der grossartigste – für die Bodenlosigkeit des Jahrhunderts. Boden gerade kann ich nur in der Gegenwart haben. Die Dimension der Heimat ist die Gegenwart.«[37]

74

Traditionsbruch. In dieser Aufzeichnung wird nicht die Frage danach bewegt, wie und wann der Bruch sich ereignete; es geht um einen Effekt des Bruches. Mit »Linie«, »sehen« und »Perspektive« taucht die Passage in die Metaphernwelt der Malerei. Nach dem Bruch der Tradition betrachten manche – wer genau das ist, sagt die Aufzeichnung nicht – die Vergangenheit wie ein vormodernes Bild: Von einem Punkt aus gesehen, scheint sie sich perspektivisch zu erschließen. Der Zusammenhang der Zeiten, nicht mehr durch einen »Faden« garantiert, schnurre dabei in eine lineare Anordnung zusammen. In dem Wort »Tiefe« prallt diese Sichtweise auf eine andere. »Tiefe«. Dieses gegen die Perspektive geschnittene Wort eröffnet einen anderen Gedankenraum: Dreidimensionalität wird aufgesprengt, und die Dimensionen vervielfältigen sich. Tiefe bezeichnet nicht die Tiefe des Hintergrunds wie in einem perspektivisch gemalten Bild, sondern eher eine Art geologische Schichtung. In die man gräbt. Wie in Nietzsches »Arbeit der Tiefe«, die ein »Bohrender, Grabender, Untergrabender«[38] ausführt. Hier verschränken sich zwei Gedankenstränge. Der eine geht von einer Reflexion Heinrich Blüchers über moderne Malerei aus. Er wird in Gedanken über Martin Heideggers Schreibweise eingefügt, die der Frage nachgehen, was diese Texte den Lesern ermöglichen.

»Ad Heideggers Interpretationen: Das Neue besteht im Folgenden: Heidegger nimmt nicht nur an (was andere vor ihm taten), dass jedes Werk ein ihm spezifisch Unausgesprochenes in sich hat, sondern dass dies Unausgesprochene seinen eigentlichen Kern bildet (psychologisch gesprochen der Grund seines Entstehens ist: Weil dies Eine unaussagbar war, wurde alles Andere geschrieben), also gleichsam der leere, in der Mitte liegende Raum, um den sich alles dreht und der alles andere organisiert.«[39] Diese Mitte, so fährt Hannah Arendt fort, sei der »ausgesparte Raum für den Leser oder Hörer. Von hier aus rückverwandelt sich das Werk aus dem Resultathaft-tot-Gedruckten in eine lebendige Rede, auf die Widerrede möglich ist. Es ergibt sich ein Zwiegespräch, bei dem der Leser nicht mehr von aussen kommt, sondern mitten drin mitbeteiligt ist.«[40]

Der Leser sitzt hier genau in der Position, die Heinrich Blücher dem modernen Maler zuschreibt: »Der Anschein der Willkür und der Gewaltsamkeit« – von Heideggers Schreibweise – »entsteht nur aus unserer Ungewohnheit: So wie in der modernen Malerei (Heinrichs Cézanne-Interpretation) alles ›verzerrt‹ aussieht, weil man gewohnt ist, dass die Maler die Welt ›von aussen‹, also dreidimensional abmalen, während moderne Malerei den Maler in der Mitte des Bildes sitzen hat und dadurch die sechs menschlichen Dimensionen hat: Höhe – Tiefe, rechts – links, vorne- hinten, alles projiziert auf die Fläche, die der Mensch für sich ist – so entstehen bei Heideggers Interpretationen andere Dimensionen, in welche das Werk, aus dem ausgesparten Mittelraum des Hörers gesehen, sich auseinanderlegt.«[41]

Heidegger hat also Texte geschrieben, die genau so »gehört« werden sollten, wie moderne Malerei gesehen werden müßte: von einer Position aus, die sich in eine Mitte begibt. In eine leere Mitte, die gleichzeitig öffnet und verstellt. Je nach Wendung dessen, der hört oder sieht, öffnen sich Sichtweisen, während andere sich für den Moment des Sehens und Hörens verschließen. Die eigentlich produktive Arbeit dessen, der schreibt oder malt, bestünde also darin, all das, was im Moment der Zuwendung zur einen oder anderen Dimension auch wieder verdeckt wird – wer nach rechts sieht, kann das zu seiner Linken nicht gleichzeitig erkennen und umgekehrt –, auf einer Fläche, in einem Text sichtbar zu machen. Und die produktive Arbeit dessen, der liest oder sieht, bestünde darin, diese Wendungen nicht als Widersprüchlichkeiten abzutun, sondern als Aufforderung, als Möglichkeit einer anderen Art des Verstehens. Nicht hermeneutisches Auslegen, sondern »Auseinanderlegen«.

Gleich zweimal bezeichnet Hannah Arendt diese Fähigkeit als »menschlich« oder dem Menschen angemessen. Genau hier berührt ihre Überlegung die Welt des Politischen: Der lesende, hörende, sehende Mensch, der Mensch in der Welt, sieht sich mit Partikularitäten konfrontiert, die er leicht als unvereinbar abtun könnte. Anders als in perspektivischer Sicht lassen sie sich nicht auf eine Summenformel bringen, die einer Wahrheit entspräche. Nach dem Traditionsbruch würde damit etwas sichtbar, das zumindest einmal schon gedacht werden konnte: Sokrates sei ein »Experte« darin gewesen, den so widersprüchlichen »Meinungen« der Menschen ihre jeweilige, ihre »spezifische Wahrheit« abzuhören. So habe er eine ganz besondere »Liebe zum Partikularen« entfaltet. In Klammern fügt Hannah Arendt in ihre Überlegungen folgendes ein: »(Nur einmal in der ganzen Geschichte der Philosophie scheint sich diese ›politische Liebe‹ zum Vielfältig-Partikularen mit der Leidenschaft für die Wahrheit verbunden zu haben. Heinrich.)«[42] Heinrich Blücher, ebenso wie Sokrates eine Stimme ohne oder fast ohne Schrift,[43] steht hier für eine Denkfigur, die nun wieder Hannah Arendt aufnehmen kann. Sie arbeitet diese Figur in ihren Texten nicht explizit aus. Setzt sie nicht ins Verhältnis zu den beiden großen alten Fragen, mit denen ihr »Experimental Notebook of a Political Scientist« vom Ja-

nuar 1953 beginnt: »What is love, what is friendship«.[44] Den
folgenden Fragen, »what is acting, thinking, etc.«, widmet sie
ganze Bücher. Die Frage nach Liebe und Freundschaft dagegen ist nicht in Essays oder Büchern zu verhandeln, in deren
Titel sie wandern könnte. Sie führt in die leere Mitte ihres
Schreibens, rührt an das Unsagbare, wegen dessen alles andere geschrieben wurde.

∽

»Nietzsche an Overbeck, 2. Juli 1885: ›… meine ›Philosophie‹, wenn ich das Recht habe, das, was mich bis in die
Wurzeln meines Wesens hinein malträtiert, so zu nennen, ist
<u>nicht mehr</u> mitteilbar, zum mindesten nicht durch Druck.‹

Was malträtiert, ist nie das Denken, keine Probleme, nicht
einmal Mitteilung im Gespräch, sondern die <u>Darstellung</u> –
die Darstellung des Undarstellbaren«[45], so Hannah Arendt in
einer Aufzeichnung im *Denktagebuch*, verfaßt im September
1969.

Der Mensch, so wieder Heinrich Blücher im Anschluß
an Sokrates, sei ein »unheilbarer Beziehungen-Hersteller«.
In drei ganz unterschiedliche Arten von Beziehungen sei er
verwickelt: in die zu sich selbst, die zu einem anderen, die zu
allen anderen Menschen. Dem korrespondierten: Philosophie, Erotik, Politik.[46] Die »Erotik«, unter die hier beides fallen würde, Liebe und Freundschaft, überbrückt in Blüchers
Überlegungen die beiden großen Felder Philosophie und
Politik, zwischen denen Hannah Arendts Denken wanderte
und wanderte. In Arendts Texten ist diese Brücke nicht zu
bauen. Auch wenn es sie im »Denken«, im »Gespräch« gegeben haben sollte, beim Schreiben stellt sich hier das Problem

der Darstellung. Anders als an den großen Begriffen »Denken«, »Wollen«, »Handeln« scheint an »Liebe« und »Freundschaft« keine Geschichte zu hängen. Die Aufzeichnungen im *Denktagebuch* ebenso wie in den zu Lebzeiten gedruckten Arbeiten stützen sich fast nie auf andere Texte. Als ob niemand etwas dazu zu sagen hätte. Hannah Arendt hat in ihren Arbeiten viele Freunde. Doch beim Nachdenken über Liebe und Freundschaft scheint es keine Tradition zu geben, mit der sie sich lesend, zitierend, schreibend auseinandersetzen konnte. Sie befragt weder die griechische Philosophie zum antiken Freundschaftskult, noch rekurriert sie auf eigene Arbeiten wie die zum Liebesbegriff des Augustinus – dem Thema ihrer Dissertation. Zumindest nicht im *Denktagebuch*. Das denkende Ich scheint ganz auf sich gestellt zu sein. Oder fast. Beim Nachdenken über Liebe helfen Sophokles, Goethe, Rilke. Literarische Texte, nie theoretische.

»Freundschaft ist eine sehr eigentümliche Sache«, schreibt Kurt Blumenfeld am 18. März 1951 an Hannah Arendt. »Als wir bei Trude Feuerring zum letzten Mal uns sozusagen offiziell sahen, hast Du über den Eros der Freundschaft gesprochen.«[47] »Helene, wenn du und ich einmal tot sind, weiss dann noch jemand, was Liebe ist?« – so zitiert Helen Wolff die eben verstorbene Freundin in einem Brief an Uwe Johnson. Und in Klammern fügt sie hinzu: »ich wußte damals – weiß auch heute ganz genau was sie meinte«.[48]

Nicht das Denken, »nicht einmal Mitteilung im Gespräch« malträtiere, so kommentiert Hannah Arendt die Briefpassage von Friedrich Nietzsche. Sondern die Darstellung. Was wäre eine angemessene Darstellungsweise für Liebe und Freundschaft? Im *Denktagebuch* finden sich viele Aufzeichnungen, in denen diese beiden so unterschiedlichen

»Beziehungen« zusammen erörtert werden – im Modus der Abgrenzung: »Zur Abgrenzung: Gefühle habe ich; die Liebe hat mich. Freundschaft ist wesensmässig abhängig von ihrer Dauer – eine zwei Wochen alte Freundschaft existiert nicht; die Liebe ist immer ein ›coup de foudre‹.«[49] Oder: »Wir verstehen einander gewöhnlich nur in einem Zwischen, durch die Welt und um der Welt willen. Wenn wir einander direkt, unvermittelt, ohne Bezug auf ein zwischen uns liegendes Gemeinsames verstehen, lieben wir.«[50]

Die Differenz dieser beiden Reiche muß geschützt und verteidigt werden; jede Vermengung bedeutet eine Gefahr. Immer wieder wird sie von beiden Seiten aus beleuchtet: Die Liebe verbrenne das »Zwischen«, sie sei das »Menschlichste«: »wer nie diese Macht erlitt, lebt nicht, gehört nicht zum Lebendigen.«[51] Verbrennen und leiden sind starke Verben; ganz entschieden lösen sie die Liebe aus ihrer bürgerlichen Bestimmung als Gefühl: »Liebe ist ein Ereignis, aus dem eine Geschichte werden kann oder ein Geschick … Inzwischen ist die Ehe zur Institution der Liebe geworden, und als solche ist sie noch um ein weniges hinfälliger als die meisten Institutionen der Zeit. Die Liebe wiederum ist seit ihrer Institutionalisierung ganz und gar heimat- und schutzlos geworden.«[52]

Für das »Zwischen« des Verstehens findet Hannah Arendt ein Bild: die Brücke. Freundschaft, so schreibt sie, überbrückt dauerhaft die »absolute Distanz« zweier Menschen.[53] In der Liebe verbrennt sie. Wird zu Asche wie die Zigarre, die der Mann im Traum aus dem Mund nehmen will. Im Traum von der Brücke verschränken sich die Bilder. Überbrücken und Verbrennen der Distanz. Damit ist der Liebe nicht Heimat und Schutz gegeben. Aber doch eine Mög-

lichkeit, von ihr zu sprechen. Zu einem fremden oder nicht
so fremden Mann.

Wie eine Vorbereitung zum Traum, zum Träumen ein
Gedicht, das Hannah Arendt im Sommer 1947 ihrem Mann
schickt. Ein Gedicht ohne Titel. Die zweite und zugleich
letzte Strophe lautet:

Herr der Nächte.
Schlag die Brücke
von den Ufern übern Strom,
daß, wenn ich vom Hügel
laufend lechze,
mich zu betten in die Kühle,
noch im letzten Sprung, mich fange
auf der Brücke
zwischen Ufern, zwischen Tagen
überm Glanze Deines Golds.[54]

GEDANKEN. GEDICHTE

Nur von den Dichtern erwarten wir Wahrheit
(nicht von den Philosophen,
von denen wir Gedachtes erwarten).
Hannah Arendt, *Denktagebuch*

In Hannah Arendts Texten sind der Raum der Zeitlosigkeit und der der Zeit durch wenige Türen getrennt und
verbunden. Wenn sie sich öffnen, dann geschieht dies plötzlich, mit einem Schlag. Als »coup de foudre«. Während das
Denken im Raum der Zeitlosigkeit wohnt – vom »alters-
los denkenden Ich«[1] ist immer wieder die Rede –, ereignet sich ein Gedanke wie ein Einschlag: »Denken ist die einzige reine Tätigkeit, die wir kennen, weil der Gedanke, der
immer ein Gedankenblitz ist, … niemals ein eigentliches
Resultat dieses Tuns ist«.[2] Diesen Gedankenblitzen korrespondieren andere; sie reißen die Türen zum Durchgang
in die andere Richtung auf. Der »coup de foudre« der
Liebe führt aus der Welt in die Weltlosigkeit. Aus einer Sprache im Akkusativ in eine poetische Sprache. Gedankenblit-
ze und der »coup de foudre« der Liebe treffen sich im
Gedicht:

Ach, wie die
Zeit sich eilt,
unverweilt
Jahr um Jahr
an ihre
Kette reiht.
Ach, wie bald
ist das Haar
weiss und verweht.

Doch, wenn die
Zeit sich teilt
jählings in
Tag und Nacht,
wenn uns das
Herz verweilt –
spielt es nicht
mit der Zeit
Ewigkeit?[3]

∼

In das Archiv ihres Denkens, das *Denktagebuch*, hat Hannah Arendt neben Reflexionen und Zitaten auch viele Gedichte aufgenommen. Das erste wurde im Februar 1951 aufgeschrieben, das letzte im Januar 1961.[4] Dreiunddreißig Gedichte in zehn Jahren, die meisten ohne Titel. Dreiunddreißig? Es könnten auch weniger sein. Im Unterschied zu Passagen aus diskursiven Texten wurden zitierte Gedichte im *Denktagebuch* nur sehr selten mit einer Autorangabe versehen. Es könnte also sein, daß das eine oder andere der hier

versammelten Gedichte aus einer anderen Feder stammt.
Wer weiß. Gedichte scheinen einem anderen Archiv anzu-
gehören als philosophische und theoretische Texte.

Gedanken. Gedichte. Im Spektrum von Hannah Arendts
Schreibweisen sind Gedichte das einzige Genre, das unüber-
setzbar bleibt. In ihren Büchern und Essays finden sich
immer wieder Passagen, die zu einem Zitat aus einem Gedicht führen. Verse und Strophen einer poetischen Sprache
verdichten ein »Wissen«, das sich anderen Schreibweisen ent-
zieht. Über den Schmerz zum Beispiel sagt in *The Human
Condition* und der *Vita activa* ein spätes Gedicht von Rainer
Maria Rilke – in beiden Fassungen auf deutsch zitiert –, was
dazu zu sagen ist.[5]

Mit Versen aus dem *West-östlichen Divan*, dieses Mal nur
in der deutschen Fassung des Buches, sagt eine Passage nicht
nur, wie das Verhältnis von Gedanken und Gedichten bestimmt ist; die Passage ist vielmehr genau so gebaut, daß dieses Verhältnis in Szene gesetzt wird: »So bleiben Gedichte,
unter den Gedankendingen der Kunst, dem Denken als solchem, am engsten verhaftet; sie sind gleichsam die wenigst
dinglichen unter den Weltdingen. Aber wenn auch ›Dichterworte / Um des Paradieses Pforte / Immer leise klopfend
schweben / Sich erbittend ewges Leben‹ und wenn es auch
wahr ist, daß in des ›Ursprungs Tiefe‹ sich ein Gedicht einzig bewährt, indem es als ›gesprochen Wort‹ aus dem Gedächtnis des Dichters oder derer, die ihm zuhören, dringt, als
wäre es gerade erst entstanden, so kommt doch immer die
Zeit, da auch dies undinglichste aller Dinge ›gemacht‹ werden muß, niedergeschrieben und verwandelt in ein greifbares Ding unter Dingen, weil lebendige Erinnerung und
die Fähigkeit des Gedächtnisses, aus denen alles Verlangen

nach Unvergänglichkeit stammt, der Greifbarkeit des Dinglichen bedarf, um sich an ihm festzuhalten und nicht seinerseits dem Vergessen und der Vergänglichkeit zu verfallen.«[6]

In der Mitte der Passage wehen Verse aus einem archaisch
anmutenden Gedächtnis herüber. Aus dem des Dichters
oder dem der Zuhörer. Verse – als ob sie gerade entstanden
wären. Autorlos. In ihnen verdichten sich Erfahrungen und
Gedanken, rhythmisiert, eingetaucht in Lautlichkeit. Dieses
Moment der Verdichtung ist gleichzeitig eines der Unterbrechung. Der Fluß des Textes wird angehalten und wie
umgebogen; im Rhythmus poetischer Sprache bricht die
Zeitstruktur reflektierenden Schreibens.

Gedanken. Gedichte. In beiden wurde bereits etwas Zeit-
loses in die »Greifbarkeit des Dinglichen« gebracht. Doch
dieser Übergang scheint unterschiedlich strukturiert zu
sein. Wie in der eben zitierten Passage wird er meist bezogen
auf das dichterische Schreiben thematisiert. Der Weg vom
Denken zum Gedanken ist offenbar anders als der vom erin-
nernden Denken zum Gedicht. In einer englischen Aufzeichnung im *Denktagebuch* bestimmt Hannah Arendt dieses
unterschiedliche »Haltbarmachen« folgendermaßen:

»Ad passions: Passion is the exact opposite of action. As
courage is the virtue of action, so endurance is the virtue of
passion. Passion is always connected with love … Poetry arises out of passion. Endurance will make itself remembered,
wants duration, for action and thought the writing of it is
like an after-thought.«[7]

Das Schreiben von Gedanken und »Aktion« steht immer
schon unter dem Zeichen der Nachträglichkeit. Denken
und Tun sind zu einem bestimmten Abschluß gekommen,

und so kann nun im Nach-denken und Nach-schreiben haltbar gemacht werden, was durch einen Gedanken und eine Tat bereits eine gewisse Wirklichkeit erlangte.

Anders das Schreiben von Gedichten. Passion, Leidenschaft, Erdulden sind in eine langsame, fast unbewegliche Zeit eingespannt, die nicht wie ein »Gedankenblitz« zur Formulierung drängt. »Poetry arises out of passion«; das Verb des Satzes skizziert eher eine langsame Bewegung als etwas Schnelles, Abruptes. Diese lange Dauer von Leidenschaft wolle sich in Erinnerung bringen. Das scheint nur im Umschlag in poetische Sprache möglich. Auf der Ebene der Darstellung also eine Verkehrung: Passion, Leidenschaft in skandierter Sprache, der Blitz des Gedankens in langen, eher ruhigen Satzketten. Wobei dieses Schreiben in Hannah Arendts Texten nur ganz selten Nach-denken erfordert. Sie schreibe ab, so sagt sie im Interview mit Günter Gaus; »ich schreibe niemals, bevor ich sozusagen abschreibe.«[8] Doch gerade die Wechsel von einer Sprache in die andere, die in – fast – allen Texten zu finden sind, weisen auf ein Darstellungsproblem hin.

$\sim$

Im Juni 1952 schreibt Hannah Arendt in ihr *Denktagebuch*: »Die Rede der Liebenden ist daher von sich aus ›poetisch‹; in ihr gibt es weder denkendes διαλέγεσθαι noch Sprechen – über. Es ist, als ob in ihr erst Menschen dazu werden, als was sie sich als Dichtende geben: Sie reden nicht, und sie sprechen nicht, sondern sie *ertönen*. In der Liebe gilt für jeden: ›höchstens Mund dem Wagnis eines Lautes, der mich unbedingter überfiel.‹ (Rilke)«[9]

Wieder diese Bewegung. Eine Reflexion führt zu Versen aus einem Gedicht. Das Tönen der Liebenden ist so nicht nur ein Gedanke, sondern selbst etwas Lautliches, das die Passage zu Gehör bringt. Eine besondere Menschwerdung wird hier in Szene gesetzt. Erst in der Rede der Liebenden gewinnen Menschen das, was sie ausmacht. Wenn sie sich als »Dichtende geben«, bringen sie etwas zur Sprache, das sie mit allen teilen, die die Erfahrung der Liebe kennen:

Sieh mich an als Stetes und Erbautes,
weder Brücke kann ich sein, noch Ziel.
Höchstens Mund dem Wagnis eines Lautes,
der mich unbedingter überfiel.[10]

Ebenfalls im *Denktagebuch* findet sich ein Brieffragment an einen ungenannten Adressaten, in dem diese beiden letzten Verse aus Rilkes Gedicht noch einmal auftauchen. Hier haben sie eine leicht verschobene Bedeutung. Gerade in dieser Verschiebung treten die Unterschiede zwischen Gedanken und Gedichten deutlich hervor. Der Brief ist an ein geliebtes Du gerichtet, so läßt sich schließen, ein Du, mit dem das schreibende Ich nicht nur ein Geschick, sondern eine Geschichte teilt. Er trägt ein genaues Datum – »21.2.52.« – und lautet: »Es sieht aus, als sollte sich alles wiederholen. Und ich frage mich, was wird mit Dir in sieben Jahren sein. Wird Dich wieder der nächste Sturm, der schon aus allen Ecken bläst, als übe er sich im Blasen und Wegfegen, ansaugen und mitwirbeln, weil Du in der Seefahrt – und auch in der Not der Seefahrt – alles hast über Bord gehen lassen und ohne Eigengewicht geblieben bist? Oder, um eine andere

und sehr viel grausamere Sprache zu sprechen, die nicht
meine Sprache ist, willst Du Dich wirklich zum ›Gefäss‹ machen (und das ist etwas sehr anderes als ›höchstens Mund
dem Wagnis eines Lautes der mich unbedingter überfiel‹)
und das Wesen (Schicksal?) dieses Gefässes teilen, das Leere
ist?«[11]

Wir wissen nicht, auf welche Geschichte in Siebenjahres-
rhythmen in diesem äußerst anspielungsreichen Text verwiesen wird; wir wissen nicht, wer der Adressat ist – einiges
spricht dafür, daß Hannah Arendt hier mit Martin Heidegger spricht.[12] Das Netz dieser Anspielungen zeigt eine
»Dichtungstheorie« in nuce, die eine scharfe politische Poin-
te hat.[13] Das Du des Textes habe sich einer grausamen Sprache bemächtigt. Einer Sprache, in der der Sprechende wie
ein »Gefäss« – hervorgehoben als Zitat – imaginiert wird. In
das etwas gegossen wird, dem das Gefäß als bloße Hülle äu-
ßerlich bleibt. Folgen wir der Spur dieses wiederholten Zi-
tats in einem Wort, gelangen wir zu Friedrich Hölderlins
Ode »Buonaparte« aus dem Jahr 1797 oder 98:

Heilige Gefäße sind die Dichter,
Worin des Lebens Wein, der Geist
Der Helden, sich aufbewahrt,

Aber der Geist dieses Jünglings,
Der schnelle, müßt er es nicht zersprengen,
Wo es ihn fassen wollte, das Gefäß?

Der Dichter laß ihn unberührt wie den Geist der Natur,
An solchem Stoffe wird zum Knaben der Meister.

Er kann im Gedichte nicht leben und bleiben,
Er lebt und bleibt in der Welt.

Die Sprache vom »Gefäß« sei »eine andere und sehr viel grausamere Sprache« als die, die Hannah Arendt mit Rilkes Gedicht aufruft. Wie aber ist diese Grausamkeit zu lesen? Beides, die Seefahrer-Metaphorik im Brieffragment ebenso wie die Anspielung auf Hölderlins Gedicht, könnten als Hinweise darauf gelesen werden, daß der Adressat sich im Verhältnis von Dichtung und Politik falsch verortet hat. Seit Platon geistern Seefahrer durch die philosophische Literatur. Sokrates »beweist« Adeimantos in Platons *Staat*, daß Philosophen durchaus zum Regieren taugen, dem Staatsschiff als Steuermann dienen können. Das Du im Fragment hat sich auf das Abenteuer der Seefahrt eingelassen, sich in die Politik eingemischt und dabei sein Eigengewicht über Bord geworfen. Nicht als Folge davon, sondern gleichgestellt, auf derselben Ebene – »oder« heißt es im Brief – springt für das Du die Versuchung auf, dasselbe noch einmal zu tun, zu wiederholen: »Es sieht aus, als sollte sich alles wiederholen.« Was wie eine Alternative aussieht – Dichter oder Politiker –, erweist sich als eins. Indem das Du, Hölderlin folgend, Gedicht und Welt gegeneinanderstellt, verschwinden alle Unterschiede. Denn in beidem, so der Brief, imaginiert sich das Du wie ein Gefäß. Das von sich aus nichts tut. Durch das etwas hindurchgeht. Indem das »Gefäß« aus Hölderlins »Ode« unrhythmisch, nur in einem einzelnen, aber wiederholten Wort in den Brief eingefügt wird, tritt das »grausame« an dieser Gleichsetzung um so schärfer hervor. Anders der Einschub in Versen. Auch wenn das Ich seinen Mund einem Laut leiht, einem Laut, der wie von außen kommt, um wie durch es hindurchzugehen, einem Laut, der ihn überfällt, ist es damit kein bloßes Instrument. Die Verse unterbrechen, zwingen das Lesen in eine andere Bewegung. Und sie führen ein neues Wort ein: Wagnis.

Im Rückblick auf die Überlegung aus dem *Denktagebuch*, in der das Tun mit Mut, die Leidenschaft dagegen mit Erdulden verbunden wurde, ist das »Wagnis« ein wichtiges Wort. Ein Wagnis muß eingegangen werden. In einem Moment der Entscheidung. In einem Moment der Unterbrechung. Wie im Brieffragment, in dem die eingefügten Verse sich gegen die drohende Wiederholung stemmen. Die Instanz, die diese Entscheidung fällt, das Wagnis eingeht oder auch nicht, ist unendlich schwer zu bestimmen. In der zitierten Passage wird sie mit einem »Du« in Verbindung gebracht, doch da ist die Rede von der Vergangenheit. Die Sätze über die Zukunft schieben das Du in den Dativ oder den Akkusativ: »was wird mit Dir«, »wird Dich der Sturm ansaugen und mitwirbeln«. Ob es in der Zukunft ein Du geben wird, hängt ab vom Umgang mit diesem Wagnis.

»Höchstens Mund dem Wagnis eines Lautes, / der mich unbedingter überfiel«: einmal ein Bild für die Erfahrung der Liebe, einmal ein Moment der Unterbrechung in einem Brief, der einem geliebten Menschen von der Gefahr einer wiederholenden Tat spricht. Auch in der Liebe gibt es dieses Wagnis. Auch im Umgang mit einer Macht, die außerhalb des menschlichen Willens liegt – »Gefühle habe ich«, sagt Hannah Arendt, »die Liebe hat mich«[14] –, gibt es offenbar eine Instanz, die sich entscheidet. Die sich entscheiden muß. »Wer sich der Liebe ergibt, hält er sein Leben zu Rat?« zitiert Hannah Arendt an einer anderen Stelle.[15]

Es ist nicht der menschliche Wille; dieser reicht nicht in

dieses Reich ohne Zeit, in das die Liebe führt. Einmal nennt Hannah Arendt ihn – leicht ironisch – das Göttliche. Auch »Entscheidung« ist das falsche Wort. Es ist etwas, das ohne die Rhythmen eines Verses nicht sagbar ist. Nur rhythmisch also, wie der Schlag des Organs, das der Liebe eine Zeit gibt. Das Herz.

~

»Das Herz ist ein komisches Organ; erst wenn es gebrochen ist, schlägt es seinen eigenen Ton; wenn es nicht bricht, versteinert es.

Der Stein, der einem vom Herzen fällt, ist fast immer der, in welchen sich das Herz fast verwandelt hätte.«[16]

Eine leicht schräge Metapher. Alle Herzen schlagen. Alle haben sie ihren Rhythmus. Ein Ton läßt sich anschlagen, aber schlecht schlagen. Offenbar bekommen die Herzen ihre Melodie und ihren Rhythmus erst, wenn die Liebe weitergewandert, das Herz gebrochen ist. Wenn es eine Geschichte gab. Nicht nur ein Geschick. Und wieder dieses Moment, das sich begrifflich so schlecht fassen läßt. Geschick oder Geschichte – das liegt nicht in unserer Hand. Es liegt aber doch in unserer Hand, den Ton des Herzens zu finden, den Schlag des Herzens mit seinem eigenen Ton zu versehen. Auch für diesen »Gedanken« braucht Hannah Arendt ein Gedicht:

Komm und wohne
in der schrägen dunklen Kammer meines Herzens,
dass der Wellen Weite noch
zum Raum sich schliesst.

Komm und falle
in die bunten Gründe meines Schlafes,
der sich ängstigt vor des Abgrunds
Steile unserer Welt.

Komm und fliege
in die ferne Kurve meiner Sehnsucht,
dass der Brand aufleuchte in die
Höhe einer Flamme.

Steh und bleibe.
Warte, dass die Ankunft unentrinnbar
Zukommt aus dem Zuwurf
eines Augenblicks.[17]

Der Rhythmus dieses Gedichts spiegelt den Wechsel von Schlag und Ton. Jede Strophe beginnt mit einem Auftakt, bevor sie dann in Jamben fällt. Am Anfang steht ein Schlag, der dann in einen anderen Rhythmus übergeht. »Komm und ...«, dreimal, bis es dann zu Beginn der letzten Strophe heißt: »Steh und ...«. Im letzten Wort dann wieder ein Schlag an die Tür zwischen Zeit und Zeitlosigkeit: Augenblick. Eine Metapher des Sehens.

In einer viel später aufgeschriebenen Reflexion, in *The Life of the Mind,* schreibt Hannah Arendt von der Bedeutung dieses Metaphernwechsels, wenn es um das Denken geht: »bei Heidegger wird der Augenblick der Erleuchtung als ›Blitz‹ verstanden und schließlich durch eine völlig andere Metapher ersetzt, ›das Geläut der Stille‹.«[18] War der »Blitz« des Erkennens, der »Gedankenblitz«, ein Leitmotiv von *Sein und Zeit,* so führt »das Geläut der Stille« in einen anderen

Raum. Es könnte wie ein Motto über dem nie geschriebenen zweiten Band von *Sein und Zeit* stehen. »Geläut der Stille« – diese akustische Metapher nähert sich dem an, was Hannah Arendt mit den in Texte gesprengten Versen tut: Verse gehen an den Rand dieser Stille. Sie schreiten den Raum zwischen Geläut und Läuten aus. Schlagen an die Tür zwischen Zeit und Zeitlosigkeit. Sind Blitz und Donner zugleich: von »komm«, »komm«, »komm« zum »Augenblick«. Sie reißen die sprachliche Lücke zwischen dem Gedankenblitz und dem »coup de foudre« der Liebe auf. »Coup de foudre« – in Hannah Arendts Texten immer französisch, womöglich deshalb, weil in dieser Sprache Blitz und Donner zusammenfallen. Der »coup de foudre« ist beides, Blitz- und Donnerschlag. In Hannah Arendts Schreibweise wären Denken und Lieben dann zwei Modi, die sich bedingen, durchdringen. Und Gedichte deren einzig mögliche Artikulation.

~

Es geschieht nicht oft, daß Hannah Arendt in einem Text von der einen in die andere Sprache wechselt. Englisch und Deutsch werden selten gemischt. Manchmal bleiben Zitate unübersetzt.[19] Um so ungewöhnlicher, daß Hannah Arendt in ihrem Interview mit Günter Gaus an einer Stelle ins Englische fällt. Und zwar in der Passage, in der sie über die Muttersprache spricht: »Im Deutschen kenne ich einen ziemlich großen Teil deutscher Gedichte auswendig. Die bewegen sich da immer irgendwie im Hinterkopf – in the back of my mind –; das ist natürlich nie wieder zu erreichen. Im Deutschen erlaube ich mir Dinge, die ich mir im Englischen nie erlauben würde. Das heißt, manchmal erlaube ich sie mir jetzt auch schon im Englischen, weil ich halt so frech geworden bin, aber im allgemeinen habe ich diese Distanz behalten. Die deutsche Sprache ist jedenfalls das Wesentliche, was geblieben ist und was ich auch bewußt immer gehalten habe.«[20]

Ausgerechnet in einer Passage also, in der die Verfasserin davon spricht, warum die Muttersprache unverzichtbar und unersetzbar ist, schleicht sich eine kleine Wendung aus der anderen Sprache ein. Es wird zwar ein neuer Aspekt hinzugefügt – Hinterkopf versus »back of my mind« –, doch wendet dies den Argumentationsgang nicht. Warum also steht sie hier? Ganz en passant scheint ein wichtiger Unterschied zwischen den beiden Sprachen auf, die hier zur Disposition stehen: Der deutsche »Hinterkopf« ist eher physisch gedacht, der »mind« viel aktiver, psychischer. Zu »mind« läßt sich ein kleines Wort hinzufügen, das sich dem Hinterkopf nicht zugesellen mag: »my«. Im Hinterkopf könnte der – deutschsprachige – Weltgeist Wohnung nehmen, in »my mind« geht es individueller zu: »Die für Arendt wohl eher schmerzliche Ironie dabei ist, dass dasjenige, was Arendt hier als das Eigene, ja als ›das Wesentliche‹, für ihre Individualität Unverzichtbare bezeichnet, genau jene deutsche Sprache ist, von deren latent anti-individualistischen Tendenzen sie sich mithilfe beiläufiger Übersetzung ins Englische distanziert.«[21]

In einem Text, zehn Jahre später in der Sprache geschrieben, die sich als kleines Einsprengsel in das Interview gemischt hatte, kommt Hannah Arendt noch einmal auf die Bedeutung der Muttersprache zurück. Es ist die Sonning-Prize-Rede vom Sommer 1975. Hier hat das Plädoyer für die erste Sprache einen etwas anderen Ton: »And if I ever did anything consciously for European Civilisation, it certainly was nothing but the deliberate intent, from the moment I fled Germany, not to exchange my mothertongue against whatever language I was offered or forced to use. It seemed to me that for most people, namely, all those who are not especially gifted for languages, the mothertongue remains the only reliable yardstick for whatever languages later are acquired through learning, and this for the simple reason that the words we use in ordinary speech receive their specific weight that guides our usage and saves it from mindless cliches through the manifold associations which arise automatically and uniquely out of the treasure of great poetry with which this particular language and no other had been blessed.«[22]

Ein merkwürdiger Gedanke. Hannah Arendt tat etwas für die europäische Kultur, indem sie etwas unterließ, das niemand recht tun kann: die Muttersprache gegen eine andere vertauschen. Es geht hier nicht darum, eine andere Sprache so gut zu lernen wie die Muttersprache, eine Sprache, die niemand je lernt, weil man sie immer schon »kann«. Hier ist von einem unmöglichen Tausch die Rede. Von einem »als ob«. Die Muttersprache versus eine Sprache, die man so spricht, als ob sie die erste Sprache wäre. Was bei diesem Tausch verlorengeht, benennt Hannah Arendt mit einem Wort: Gedichte. Keine Partikel von Kinder- und Alltagssprache, keine Redewendungen, nichts von alle dem, was selten aufgeschrieben wird. Sondern Gedichte. Ein Schatz, der in jeder Sprache sehr besonders ist. Doch was bedeutet Muttersprache, wenn es um Geschriebenes geht? Um Texte, die durchaus nicht alle kennen, die diese Sprache sprechen? Wenn Gedrucktes zur Disposition steht, das man sich auswendig lernend aneignet?

Merkwürdig ist das »we«, mit dem die Passage arbeitet. Ob und wie der Schatz der Dichtung »automatically and uniquely« in die Alltagssprache bricht und diese dadurch von klischierten Formulierungen und Banalitäten bewahrt, ist nicht erst heute fragwürdig geworden. Für Hannah Arendts Schreiben aber trifft diese Charakterisierung unbedingt zu. Keines ihrer theoretischen Bücher kommt ohne eingesprengte Gedichtzeilen aus. In fast keinem ihrer Texte fehlt eine Referenz auf poetische Sprache. Oft sind ihre Passagen selbst poetisch, rhythmisiert, lautlich durchgearbeitet. Kurz nach den eben zitierten Sätzen findet sich die umgekehrte Bewegung zu der, die ins Interview mit Günter Gaus brach: ein Einsprengsel auf deutsch unterbricht den englischen Text – zwei Verse aus einem deutschen Gedicht.

»Testemony to this anti-public climate of the time[23] can be found in its poetry, its art, its philosophy; it was the decade when Heidegger discovered the <u>man</u>, the ›They‹ as opposed to the ›authentic being a self,‹ when Bergson in France found it necessary ›to recover the fundamental self‹ from ›the requirements of social life in general and language in particular,‹ and when W. A. Auden in England said in four lines what to many must have sounded almost too commonplace to be said at all:

›All words like Peace and Love
All sane affirmative speech
Had been soiled, profaned, debased
To a horrid mechanical screech.‹«

»Two lines«, so steht an dieser Stelle im Typoskript. Eine große Pause also, bevor der Text fortfährt:

»Such inclinations – – idiosyncracies? matters of taste? – – which I tried to date historically and explain factually, if acquired in the formative years of one's life, are liable to extend very far. They can lead to a passion for secrecy and anonymity, as though only that could matter for you personally which could be kept secret – – ›Never seek to tell thy love / Love that never told can be‹ or ›Willst du dein Herz mir schenken, / so fang es heimlich an‹ – – and as though even a name known in public, that is <u>fame</u>, could only taint you with Heidegger's ›They,‹ with Bergson's ›social self‹, corrupt your speech with the vulgarity of Auden's ›horrid mechanical screech.‹«²⁴

Plötzlich tragen die Überlegungen ein Datum. Sie sind geknüpft an eine autobiographische Schreibgeste: Das schreibende Ich ist aufgewachsen, erwachsen geworden in der Zeit zwischen den Weltkriegen. Dann wie ein Rahmen der Verweis auf Heidegger, Bergson und Auden. Eine Tour durch Europa, eine Tour durch die modernen Sprachen, die die Verfasserin beherrschte. Aus diesen Erfahrungen erwuchs die Sehnsucht nach Geheimhaltung und Anonymität. Doch um diese zu untermauern, springt der Text zeitlich und sprachlich. Plötzlich landet er im 18. Jahrhundert. In einem Gedicht von William Blake, das mit dem, wonach sich das schreibende Ich sehnt, zumindest auf den ersten Blick nichts zu tun hat. Es ist das Gedicht einer unglücklichen Liebe:

Never seek to tell thy love
Love that never told could be;
For the gentle wind does move
Silently, invisibly.

I told my love, I told my love,
I told her all my heart,
Trembling, cold, in ghastly fears –
Ah, she doth depart.

Soon as she was gone from me
A traveller came by
Silently, invisibly –
O, was no deny.

Im Moment des Aussprechens war die Liebe zu Ende. Die Geliebte fand sich durch das Geständnis nicht gebunden, sondern eher in die Flucht geschlagen. Hätte die Liebe überleben können, wäre sie nicht zur Sprache gekommen? In Hannah Arendts Passage folgt dem Verweis auf Blakes Gedicht ein »or«. Als ob nun dasselbe anders gesagt würde. Doch das Gedicht, das sie nun zitiert, erzählt eine völlig andere Geschichte. Und wieder hat sie mit dem Kontext, in den die Verse gebettet sind, auf den ersten Blick nichts zu tun. Ein Gedicht? Es ist ein Lied, von dem wir nur den Komponisten kennen: Johann Sebastian Bach, »Willst du dein Herz mir schenken. Aria di Giovannini«. Ein Stück aus dem »Notenbüchlein der Anna Magdalena Bach«.[25] Ein Zyklus für Klavier und Sopranstimme, den Bach für seine zweite Frau, eine Sängerin, schrieb. Die Sammlung ist eine Liebesgabe, wie gerade auch dieses Lied zeigt. »Aria di Giovannini«, Arie des kleinen Johann also. Ein Lied über heimliche Liebe, komponiert von einem Ehemann für seine Ehefrau. Ein Lied, das gesungen wird von der Frau für den Mann.

Willst du dein Herz mir schenken,
So fang es heimlich an,
Daß unser beider Denken
Niemand erraten kann.
Die Liebe muß bei beiden

Allzeit verschwiegen sein,
Drum schließ die größten Freuden
In deinem Herzen ein.

Behutsam sei und schweige
Und traue keiner Wand,
Lieb' innerlich und zeige
Dich außen unbekannt.
Kein' Argwohn mußt du geben,
Verstellung nötig ist.
Genug, daß du, mein Leben,
Der Treu' versichert bist.

Begehre keine Blicke
Von meiner Liebe nicht,
Der Neid hat viele Stricke
Auf unser Tun gericht.
Du mußt die Brust verschließen,
Halt deine Neigung ein.
Die Lust, die wir genießen,
Muß ein Geheimnis sein.

Zu frei sein, sicher gehen,
Hat oft Gefahr gebracht.
Man muß sich wohl verstehen,
Weil ein falsch Auge wacht.
Du mußt den Spruch bedenken,
Den ich zuvor getan:
Willst du dein Herz mir schenken,
So fang es heimlich an.

Ein Gedicht wie ein Rondo, in dem die Schlußverse den Anfang wiederholen. Das Bauprinzip der zitierten Passage ist im Lied also vorweggenommen. Ein Rondo. Doch neben dieser formalen Ähnlichkeit stehen inhaltliche Diskrepanzen. Die eingefügten Verse untermauern nicht, was in der Passage verhandelt wird. Sie sagen in zwei verschiedenen Sprachen ganz Unterschiedliches, und beide Varianten wollen nicht recht in den Kontext der Passage passen.

Ausgangspunkt war der Rückzug ins Anonyme, ins Namenlose, ins Heimliche als Antwort auf eine historische Epoche, in der die Worte ihren Sinn eingebüßt haben. Die Heimlichkeit der Liebe bewegt sich in einem anderen Raum. Beide Gedichte sind in dieser Hinsicht zeitlos. Im ersten zerstört das Aussprechen die Liebe, weil nur einer liebt, nicht beide. Im zweiten will ein Paar seine geteilte Liebe vor der Welt verbergen. Vom Verfall der Sprache ist beide Male nicht die Rede. Aussprechen oder nicht, das scheint den Sprechern freizustehen. Wobei die Liebe in Bachs Lied fast völlig ohne Kommunikation auszukommen scheint. Keine Blicke, keine Gedanken, keine Worte. Was aber ist sie dann? Gibt es Liebe ohne Worte, so wie es Lieder ohne Worte gibt?

Einseitige Liebe auf englisch, heimliche Liebe eines Paares auf deutsch – diese Konstellation öffnet noch einmal einen anderen Blick auf die Muttersprache. Im englischen Gedicht bleibt die Frau stumm, sie dreht sich um und geht – »Ah, she doth depart«. Anders im deutschen Lied über die Heimlichkeit, das ohne Autor – anonym – in die Welt ging. Hier singt eine Frau. Sie singt nach, was ein geliebter Mann für sie komponiert hat. Ein Lied. Rhythmen, eine Melodie. Herzen, die geschenkt werden. Auch schon verschenkt wurden. Denn beide »wissen« um ihre Liebe. Im Deutschen, der Muttersprache, also eine Artikulation, die von einem Modus in den anderen wechselt. Aufgeschriebene Noten eines Mannes, gesungen, lebendig gemacht von einer Frau. Ein Lied, noch enger an die Grenze dessen gerückt, was sagbar ist. Weil es nur dann lebt, wenn es aus dem Aufgeschriebenen ins Jetzt der Aufführung gebracht wird. Musik produziert Zeit. Sie wird – meist – nicht gelesen, sondern aufgeführt und gehört. Eine Kunst der Präsenz, wie der Tanz, das Theater. Musik braucht beides: eine, die aufführt, eine, die hört. Wie jede Kunst der Präsenz ist Musik also immer schon auf eine doppelte Anwesenheit verwiesen.

Muttersprache. So, wie sie hier anklingt, verweist sie auf einen Grundgedanken Hannah Arendts: die Pluralität des Menschen. Als ob dieser Gedanke diese eine Sprache bräuchte, um artikuliert zu werden. Das Englische dagegen bekommt hier ganz grundsätzlich die Erfahrung des Exils zugeschrieben. Jemand spricht, um eine Verbindung zu stiften. Das zuhörende »Du« aber wendet sich um und geht. Unterbricht die Zeit. Unterbricht die Möglichkeit einer Verbindung. Anstelle des »Du« stellt sich jemand anderes ein:

Soon as she was gone from me
A traveller came by
Silently, invisibly –
O, was no deny.

»A traveller«, jemand, der unterwegs ist. Von wo nach wo? »Silently, invisibly«. Jemand, der nicht sichtbar und nicht hörbar ist. Was da vorbeikommt, ist wie Sprache außerhalb der Metaphern, die sie in Sichtbarkeit und Hörbarkeit bringt. Sie durchschlägt nicht die Türen zwischen Zeit und

Zeitlosigkeit, zwischen Welt und Weltlosigkeit. Sie durchschlägt ... Was? Daß es darauf keine Antwort gibt – das ist die Erfahrung des Exils. Exil von der Muttersprache. Exil von Sprache. Und auch dies ist nur darstellbar als Bewegung, die im »or« so tun muß, als ob man von der einen zur anderen Seite gehen könnte. Von einer Sprache in die andere. Doch dies »oder« ist eines ohne »entweder«. Ein »oder« ohne Wahl. Ein »oder«, das auf ein »oder« folgt. Eine Kette, die endlos erweiterbar ist. Oder, oder, oder ...

Und um dies sagen zu können, braucht es beides. Muttersprache und Gedichte.

UND ES GESCHAH

11. März 2005
Manchmal geschieht es mitten im Text. An einer argumentativ nicht besonders hervorgehobenen Stelle. Plötzlich springt ein Wort, ein Satz, eine Passage aus dem Fluß des Textes: »Pasternak, so hören wir, hatte in Moskau einen Vorleseabend angekündigt, zu dem sich eine ungeheure Menschenmenge eingefunden hatte, wiewohl doch sein Name nach all den Jahren des Schweigens nur noch als der des Übersetzers von Shakespeare und Goethe ins Russische bekannt war. Er las aus seinen Gedichten und es geschah, daß ihm beim Lesen eines alten Gedichts das Blatt aus der Hand glitt: ›Da begann eine Stimme im Saal aus dem Gedächtnis das Gedicht weiterzusprechen. Von mehreren Ecken des Saales stiegen andere Stimmen auf. Und im Chor endete die Rezitation des unterbrochenen Gedichts.‹«

Eine Passage aus *Die ungarische Revolution und der totalitäre Imperialismus* von 1958. Gerahmt ist sie von Reflexionen darüber, welche Hoffnung die Kraft des Dichterischen birgt. Pasternak, so heißt es, sei der einzige große Dichter in Rußland, der »wie durch ein Wunder nicht vernichtet wurde« und in seiner »dichterischen Substanz« unangetastet blieb. Daher sei er die »einzige, lebendige und herrliche Stütze«

einer Hoffnung, die der Allmacht des Totalitären widersteht. Wie ein kostbares Geschenk wird diese weitergegeben: »Dies ist die einzige Anekdote, die mir bekannt ist, die dafür spricht, daß auch in Rußland selbst die totalitäre Herrschaft noch nicht gesiegt hat, und sie ist von einer eindeutigen und unbezweifelbaren Größe.«[1]

Eine kleine Wendung in der Mitte der Passage ist es, die wie ein Anheben der Stimme aufhorchen läßt: »und es geschah«. Plötzlich ist da der weiche Ton einer alten Geschichte. Durch viele Münder gegangen. Und es geschah. Und es begab sich aber zu der Zeit … Getragen wird dieser Ton zunächst von der einen Stimme im Saal, um dann von den vielen, die »anheben«, weitergetragen zu werden. Damit so etwas geschehen kann, muß auch das Blatt mit dem Gedicht in eine weiche Bewegung gebracht werden. Es fällt dem Dichter nicht einfach herunter, es rutscht nicht vom Tisch; es »glitt« aus seiner Hand. Indem er diesem Gleiten nachgibt und sein Sprechen unterbricht, öffnet er den Raum für eine andere Zeit. Seine Stimme wird von den Stimmen der anderen aufgenommen, und für die Dauer der Rezitation ist die Hoffnung zur Gewißheit geworden.

Doch – hat Hannah Arendt diese Passage tatsächlich geschrieben? In der »Vorbemerkung« heißt es: »Dies ist die vielfach korrigierte und erweiterte Fassung eines erst in Amerika im ›Journal of Politics‹ erschienenen Essays, dessen deutsche Fassung der Bayerische Rundfunk zu Beginn dieses Jahres in drei Sendungen brachte. Die Übertragung aus dem Englischen besorgte Charlotte Beradt.«[2] Wir hätten also die Stimme der Übersetzerin gelesen und darunter die eines französischen Journalisten, der im *L'Express* von der Lesung berichtete. Oder doch nicht? Ein Blick in die englischen Fassungen des Textes zeigt, daß die Passage dort fehlt.[3] Es gibt sie nur auf deutsch. Im Zuge der vielfachen Korrekturen und Erweiterungen hat Hannah Arendt mit der deutschen Fassung einen anderen Saal angesprochen als mit ihrem englischen Text. Wo aber ist dieser Saal? Erheben sich in diesem Stimmen, die ihren Text weitersprechen?

~

1958 erscheint in den Vereinigten Staaten *The Human Condition*, das erste Buch, das Hannah Arendt auf englisch geschrieben hat. Zwei Jahre später wird es auch auf deutsch veröffentlicht; der Titel ist lateinisch: *Vita activa*, der Untertitel deutsch: *oder Vom tätigen Leben*. Keine Vorbemerkung verrät, wie das Buch von der einen in die andere Sprache gewandert ist.[4] Der Titel dagegen lenkt die Aufmerksamkeit auf diese Frage, indem er selbst übersetzt. Der deutsche Untertitel ist keine Erläuterung oder Erweiterung des lateinischen, sondern eine Übertragung in eine andere Sprache. Ein Vergleich der beiden Fassungen zeigt, daß deren Schreibweise sich eklatant unterscheidet. Eher nüchtern das eine, mit Einsprengseln einer poetischen Sprache das andere. *Vita activa* ist in einer Sprache geschrieben, die es nach 1945 in Deutschland nicht mehr einfach geben konnte. Ein Deutsch, in dieser Zeit angesiedelt, in jedem Wort, in jedem Satz des Traditionsbruches gewahr; nur das wird zitiert und weitergetragen, was keinen Schaden genommen hat.

Neben Zitaten, die mit einem Autornamen versehen werden, sind ins ganze Buch Wendungen aus nicht genannten Werken gestreut. Andere erschließen sich nur dem genauen zuhörenden Lesen, weil sie nicht als Zitate markiert wurden. Doch gerade diese Einsprengsel verleihen dem Text seine besondere Tonlage.

»Das Leben als der Güter höchstes«, so ist der vierundvierzigste und damit vorletzte Abschnitt überschrieben.[5] Was hier anklingt, ist: »Das Leben ist der Güter höchstes nicht, der Übel größtes aber ist die Schuld«, wie es in Friedrich Schillers *Braut von Messina* heißt.[6] Von welcher Schuld die Rede ist, wird aus der Wiederholung des Versfragments im Text deutlich: »Nirgends vielleicht zeigt sich schlagender, welch Geistes Kind das Christentum, zumindest das Urchristentum, ist, als in der Selbstverständlichkeit, mit der postuliert wird, daß das Leben der Güter höchstes ist.«[7] Mit Schiller als Adjutant und Jesus von Nazareth als Souffleur – er weiß, »wes Geistes Kinder« seine Jünger sind[8] – wird hier gegen eine historische Wende Einspruch erhoben: »Denn es ist genau an diesem Punkte, daß sich die Wege des hebräischen und heidnischen Altertums unüberbrückbar trennen. Nichts liegt dem Alten Testament ferner als die Verachtung des klassischen Altertums für die Mühe und Plage des schieren Lebens, für die Arbeit und das Gebären«.[9]

In einer anderen Passage, die sprachliche Ähnlichkeiten mit der eben zitierten aufweist, können die beiden Wege des Altertums durchaus nebeneinander genannt werden: »Denn es mag einer noch so ›beredt in Worten sein und rüstig in Taten‹,[10] weder Worte noch Taten hinterlassen irgendeine Spur in der Welt, nichts zeugt von ihnen, wenn der kurze Augenblick verflogen ist, während dessen sie wie eine Brise oder ein Wind oder ein Sturm durch die Welt strichen und die Herzen von Menschen erschütterten. Ohne die Geräte, die Homo faber entwirft, um die Arbeit zu erleichtern und die Arbeitszeit zu verkürzen, könnte auch menschliches Leben nichts sein als Mühe und Arbeit; ohne die Beständigkeit der Welt, die die den Sterblichen zugemessene Frist auf der Erde überdauert, wären die Geschlechter der Menschen wie Gras und alle Herrlichkeit der Erde wie des Grases Blüte«.[11]

Homers *Ilias*, der das bezeichnete Zitat entstammt, spricht hier mit dem 90. Psalm, nach dem unser Leben siebzig Jahre währt, »und wenn's hoch kömmt, so sind's achtzig Jahre, und wenn es köstlich gewesen ist, so ist es Mühe und Arbeit gewesen; denn es fähret schnell dahin, als flögen wir davon«, wie Martin Luther übersetzt. Mehr noch ist hier zu hören. Der Schluß der Passage klingt so, als ob ihn Hannah Arendt nicht nur gelesen, sondern auch gehört hätte. Im zweiten Satz des *Deutschen Requiems* von Johannes Brahms. Wobei der zugrunde liegende Text selbst wieder zitiert: Er ist dem Ersten Brief des Petrus entnommen, der sich wiederum auf Jesaja, auf einen Text aus der hebräischen Bibel stützt.[12] »Alles Fleisch, es ist wie Gras und alle Herrlichkeit des Menschen wie des Grases Blume« wird vom vierstimmigen Chor »langsam, marschmäßig« gesungen, wie die Partitur anweist. Der Auftakt ist ungewöhnlich. Die Tuba, ein dunkles Blasinstrument − im westlichen Repertoire von Instrumenten dem Schofar sicher am ähnlichsten − beginnt allein, bis dann die Streicher antworten. Die Männerstimmen singen den von Hannah Arendt zitierten Satz allein, bis dann die Frauenstimmen fortfahren: »Das Gras ist verdorret«.

Ein weiterer Totengesang klingt im Rhythmus der Passage an, die *Musikalischen Exequien* von Heinrich Schütz. Und wieder ist der entsprechenden Stelle eine Passage aus Jesaja unterlegt. Hier singt der Altus: »Gehe hin mein Volk, in eine

Kammer und schleuss die Thür nach dir zu, verbirge dich einen kleinen Augenblick, bis der Zorn vorübergehe« (Jes. 26,20). Recht langsam gesungen das »verbirge dich«, ganz schnell das »einen kleinen Augenblick«, langsam wieder »bis der Zorn vorübergehe«. Bei Hannah Arendt recht langsam »nichts zeugt von ihnen«, schnell »wenn der kurze Augenblick verflogen ist«, dann wieder langsam und in einer langen Kette »während dessen sie wie eine Brise oder ein Wind oder ein Sturm durch die Welt strichen«.[13] Wie eine Brise oder ein Wind, die bei Jesaja das Gras des menschlichen Lebens verdorren ließen. Der Sturm dagegen verweist zurück auf den Beginn des Abschnitts »Die Beständigkeit der Welt und das Kunstwerk«, aus dem hier zitiert wurde. Erst aus diesem Hinweis ergibt sich, was den Zorn »meines Volkes« auslöste. Warum in diesen Anspielungen im Hintergrund immer wieder das Judentum steht. Warum das *Deutsche Requiem* in der *Vita activa oder Vom tätigen Leben* nachklingt, deutsch-lateinisch wie die *Musikalischen Exequien*, die entgegen ihrer Genrebestimmung ebenfalls auf deutsch gesungen werden. Warum gerade in diesem Abschnitt alle die Sprachen wie übereinandergeschichtet sind, die in Hannah Arendts Buch zusammenklingen: Hebräisch, Griechisch, Lateinisch, Deutsch.

~

Brücken. Unüberbrückbares. Der 23. Abschnitt der *Vita activa*, in dem sich die eben zitierten Passagen finden, beginnt mit der Anspielung auf eine Brücke, die einbrach. Auf etwas, das plötzlich unüberbrückbar wurde. »Zu den Dingen, die der Welt, dem Gebilde von Menschenhand, die Stabilität verleihen …«.[14] Der zweite Relativsatz zitiert eine

Ballade von Theodor Fontane, *Die Brück' am Tay*: »Tand, Tand, / Ist das Gebilde von Menschenhand«. Was aber erzählt die Ballade? Sie beginnt mit einem Datum: »28. Dezember 1879«. Ein Beginn wie ein Brief, wie ein Text also, der immer schon adressiert ist. Der sich an jemanden wendet. Wieder im Gegensatz zu den Regeln des Genres folgt dem Datum ein Motto, in der Sprache geschrieben, aus der auch Hannah Arendts Buch kommt: »When shall we three meet again / *Macbeth*«. Die drei Hexen also setzen den Ton. Mit ihnen beginnt auch die Ballade:

»Wann treffen wir drei wieder zusamm'?«
»Um die siebente Stund', am Brückendamm.«
»Am Mittelpfeiler.«
»Ich lösche die Flamm'.«
»Ich mit.‹
»Ich komme vom Norden her.«
»Und ich von Süden.«
»Und ich vom Meer.«
»Hei, das gibt ein Ringelreihn,
Und die Brücke muß in den Grund hinein.«
»Und der Zug, der in die Brücke tritt
Um die siebente Stund'?«
»Ei der muß mit.«
»Muß mit.«
»Tand, Tand,
Ist das Gebilde von Menschenhand.«

Anders als die klassische Ballade beginnt diese nicht mit der Stimme des Erzählers, sondern wie ein Drama mit den Stimmen von Akteuren. Erst danach erhebt sich die

erzählende Stimme, und die Handlung beginnt. Im »Brük-
kenhaus« warten die Eltern auf ihren Sohn Johnie, der mit
dem Edinburger Zug in dieser Nacht kurz nach Weihnachten nach Hause kommen soll. Sie warten auf das Licht.
Nicht das der Weihnachtsbotschaft, sondern das des Zu-
ges, der von Süden kommen soll. Und draußen tobt ein
Sturm.

> Und der Brückner jetzt: »Ich seh einen Schein
> Am anderen Ufer. Das muß er sein.
> Nun, Mutter, weg mit dem bangen Traum,
> Unser Johnie kommt und will seinen Baum,
> Und was noch am Baume von Lichtern ist,
> Zünd' alles an wie zum heiligen Christ,
> Der will heuer *zweimal* mit uns sein, –
> Und in elf Minuten ist er herein.«

Doch der modernisierte Johannes, der nach dem Fest des
»heiligen Christ« eine Art zweiter Weihnacht initiieren soll,
wird nicht eintreffen. In der Mitte des Gedichts, am Mittelpfeiler sozusagen, spricht Johnie von der Hoffnung, beim
Licht seiner Eltern, den erleuchteten Fenstern ihres Hauses,
anzukommen: »Wir kriegen es unter: das Element.« Doch
nun, in der fünften Strophe, wird der Blick wieder von diesem Haus auf das kommende Licht gerichtet. Ein Licht, das
anders als das Weihnachtslicht verlischt:

> Und jetzt, als ob Feuer vom Himmel fiel',
> Erglüht es in niederschießender Pracht
> Überm Wasser unten …. Und wieder ist Nacht.

Bleiben die drei Hexen, die in der sechsten und letzten Strophe »Namen« und »Qual« derer nennen, die mit dem Zug in den Fluß gestürzt sind. »Tand, Tand, / Ist das Gebilde von Menschenhand.«

Der Abschnitt also, der in Hannah Arendts Buch von der Beständigkeit der Welt und dem Kunstwerk handelt, hat zum Auftakt die Erinnerung an den Einsturz einer Brücke. An Unbeständigkeit. An die Hybris der Technik. Eine Hybris, die sogar die Weihnachtsbotschaft durchstreicht, indem dies einzigartige Fest – gegen den »bangenden Traum« der Mutter – wiederholt werden soll. Das vom Himmel fallende Feuer überstrahlt das Licht der Weihnacht, auch das der Sterne, die den Ort der Geburt des verheißenen Kindes bezeichneten. Das Licht fällt zurück in Dunkelheit. In eine Dunkelheit nach der Säkularisierung, die in dieser Ballade so eng an die Technik geknüpft wird?

Im Blick auf den gesamten Abschnitt läßt sich die Anspielung auf Theodor Fontanes Ballade noch anders lesen. Denn im Mittelpunkt stehen Reflexionen über die Kunst, genauer die Dichtkunst: »Die gewissermaßen menschlichste und unweltlichste der Künste ist die Dichtkunst, deren Material die Sprache selbst ist und deren Produkt dem Denken, das es inspirierte, am nächsten bleibt. Die Dauerhaftigkeit des Gedichts entsteht gleichsam durch Verdichtung; es ist, als wäre ein in äußerster Dichte und Aufmerksamkeit gesprochenes Sprechen in sich bereits ›dichterisch‹ … So bleiben Gedichte, unter den Gedankendingen der Kunst, dem Denken als solchem, am engsten verhaftet; sie sind gleichsam die wenigst dinglichen unter den Weltdingen. Aber wenn auch ›Dichterworte / Um des Paradieses Pforte / Immer leise klopfend schweben / Sich erbittend ewges Leben‹ und wenn es auch wahr ist, daß ›in des Ursprungs Tiefe‹ sich ein Gedicht einzig bewährt, indem es als ›gesprochen Wort‹ aus dem Gedächtnis des Dichters oder derer, die ihm zuhören, dringt, als wäre es gerade erst entstanden, so kommt doch immer die Zeit, da auch dies undinglichste aller Dinge ›gemacht‹ werden muß, niedergeschrieben und verwandelt in ein greifbares Ding unter Dingen, weil lebendige Erinnerung und die Fähigkeit des Gedächtnisses, aus denen alles Verlangen nach Unvergänglichkeit stammt, der Greifbarkeit des Dinglichen bedarf, um sich an ihm festzuhalten und nicht seinerseits dem Vergessen und der Vergänglichkeit zu verfallen.«[15] Hier ändert sich die Adressierung des Textes. Denn mit dem Hinweis auf das »Dichterische«, als Zitat hervorgehoben, könnte ein Text ins Spiel kommen, den Hannah Arendt damals las. Ein Text, der diese Wendung im Titel trägt: »… dichterisch wohnet der Mensch …« von Martin Heidegger.[16] Doch gleich nach diesem Hinweis wendet sich Arendts Passage ein weiteres Mal, wenn die Verse, die diesen langen, langen Satz so entscheidend rhythmisieren, einen ungenannten Autor mitsprechen lassen: »Dichterworte / Um des Paradieses Pforte …« Es sind Verse aus dem *West-östlichen Divan*, einem Gedichtzyklus, der anfangs *Deutscher Divan* heißen sollte. Anstelle einer Formulierung, wie sie Brahms später für das *Deutsche Requiem* wählte, also zwei Adjektive, durch einen Bindestrich getrennt – oder verbunden?

Der *West-östliche Divan* von 1819 ist ein Buch, das ein Liebespaar, das eine Frau und ein Mann zusammen geschrieben haben. Ein Gedichtzyklus, der in der Liebe von Hannah Arendt und Martin Heidegger eine wichtige Rolle spielte. Am 6. Oktober 1953 schrieb Martin Heidegger: »Weißt Du noch, welche Verse Du beim ersten Wiedersehen in Freiburg aus dem *Divan* zitiertest?«[17] Wir wissen nicht, welche Worte Hannah Arendt damals, im Februar 1950, sprach; doch in einem späteren Brief, lange nach dem Abschluß der *Vita activa* verfaßt, erinnert sie noch einmal an den *Divan*: »Das Bleibende, scheint mir, ist wo man sagen kann – ›Anfang und Ende immerfort dasselbe‹.«[18] Es sind Verse aus dem Gedicht *Unbegrenzt*, Verse der Suleika, an Hafis gerichtet, Verse, die das Wiedersehen hätten grundieren können:

Daß du nicht enden kannst, das macht dich groß,
Und daß du nie beginnst, das ist dein Los.
Dein Lied ist drehend wie das Sterngewölbe,
Anfang und Ende immerfort dasselbe,
Und was die Mitte bringt, ist offenbar
Das, was zu Ende bleibt und anfangs war.

Diese Vermutung wird durch einen Hinweis von Heidegger in seinem Brief vom 4. Mai 1950 gestützt, wo er schreibt: »Da Du wiederkamst, geschah ›die Mitte‹, die das Gewesene in das Währende brachte. Zeit versammelte sich in die vierte Dimension der Nähe, als sollten wir unmittelbar aus der Ewigkeit heraus – und in sie zurückkommen.«[19]

Im Buch nun, das an den Gedichtzyklus erinnert, zitiert Hannah Arendt Verse, die aus einer anderen Position geschrieben sind. »Dichterworte / Um des Paradieses Pforte …« sind dem Gedicht entnommen, das an erster Stelle der Sammlung steht: »Hegire«. Verfasser des Gedichts ist Johann Wolfgang von Goethe. Zitiert werden die letzten vier Verse des Gedichts; in den Arendtschen Text gestreut sind außerdem Versteile aus der dritten und der vierten Strophe. Im Fluß des Satzes in Arendts Buch tritt diesen Einsprengseln

ein Einwand entgegen: Die Dichterworte müssen aufgeschrieben werden. Sonst gehen sie verloren. Während das
Gedicht beim Mündlichen bleiben will – leicht paradox,
weil wir es ja lesen –, besteht die schreibende Instanz der
Vita activa darauf, daß die Worte der Dichter nicht »dem Vergessen und der Vergänglichkeit« anheimfallen dürfen. Sie tut
also genau das, was das Gedicht bereits getan hat. Doch Heidegger, der versteckte Adressat der Passage, hat womöglich
nicht alles dem Vergessen entrissen. In seinen veröffentlichten Arbeiten scheint etwas zu fehlen, das Hannah Arendt
nun nachträgt. Etwas, das im Gespräch mit ihm damals da
war, nicht aber in seinen Publikationen. Hannah Arendt er-
greift nun das Wort; sie entreißt etwas »dem Vergessen und
der Vergänglichkeit«. Damit nimmt sie Goethes Position
ein;[20] der damalige Geliebte bekommt mit ihrem Buch die
Aufforderung zugeschickt, nun seinerseits zu antworten.[21]
Wie Marianne von Willemer es tat, indem sie Goethe ant-
wortete – bis in den Rhythmus ihrer Gedichte hinein.

Wie ein Blick ins *Denktagebuch* zeigt, las Hannah Arendt
in den Jahren, in denen sie das englische und das deutsche
Buch über die Menschen und ihr Leben schrieb, intensiv
einen Aufsatz Heideggers, in dem eine Brücke im Mittelpunkt steht: »Bauen Wohnen Denken«.[22] »Als Beispiel diene
unserem Nachdenken eine Brücke«, so heißt es hier.[23] Im
nächsten Absatz ist die Rede von vielen Brücken: »Brücken
geleiten auf mannigfaltigen Wegen.« Sie überspannen Strö-
me, denen ihre Bahn gelassen wird. Sie geleiten die Sterblichen von Land zu Land. »Die Stadtbrücke führt vom
Schloßplatz zum Domplatz, die Flußbrücke vor der Land-
stadt bringt Wagen und Gespann zu den umliegenden Dör-
fern. Der unscheinbare Bachübergang der alten Steinbrücke

gibt dem Erntewagen seinen Weg von der Flur in das Dorf, trägt die Holzfuhre vom Feldweg zur Landstraße. Die Autobahnbrücke ist eingespannt in das Liniennetz des rechnenden und möglichst schnellen Fernverkehrs.«[24]

Hier fehlt eine Brücke. Unversehens sind wir aus der Feudalzeit, mit ihren Institutionen Schloß, Kirche und Dorf, in Adolf Hitlers Deutschland gelandet. Es fehlt die Eisenbahnbrücke, die mit ihren großartigen Stahlkonstruktionen Deutschlands Landschaft so nachhaltig prägt. Es fehlt die Brücke, die in Fontanes Ballade mitsamt der Dampfmaschine in den Fluß stürzt.

Ein merkwürdiges Kontinuum der Zeit. Vom feudalen in den totalitären Staat. Diese falsch überbrückte Lücke wird in Arendts Text durch die Anspielung auf Fontanes Ballade sichtbar. In dieser stürzt die Brücke kurz nach dem Weihnachtstag ein. Kurz nach einem Tag also, der den Gründungsmythos einer Religion bezeichnet. Das könnte zu denken geben. Über den Weg, den Europa einschlug, als es das heidnische und das hebräische Altertum »unüberbrückbar« trennte. Als in lateinischen Zeiten das Christentum zur herrschenden Religion wurde, das dann auch einen ganz besonderen Weg in die Moderne privilegierte.

Durch den Hinweis auf einen anderen Dichter, der ebenfalls in dem zitierten Abschnitt eine Stimme bekommt, erinnert Arendts Text daran, daß mit dieser Kehre ein anderer Unterschied eine – womöglich – zu große Bedeutung bekam. Nicht zufällig war es die Mutter, die in Fontanes Ballade von bangen Träumen geplagt wurde. Daß in Heideggers Text der Sprung über das bürgerliche Zeitalter nicht reflektiert wird, daß der Feudalismus – scheinbar folgerichtig – in den Totalitarismus kippt, gibt Hannah Arendt Anlaß, ihren früheren Geliebten daran zu erinnern, daß er einmal anderes »wußte«.

～

Am 1. April 1951 schreibt Martin Heidegger an Hannah Arendt: »Von Rilke ist jetzt aus dem Nachlaß ein Bändchen erschienen ›Aus Taschen-Büchern und Merk-Blättern 1925‹. Daraus wird deutlich, daß das Jahr 1924 für ihn noch einmal ein Anfang war, der sehr schöne Gedichte brachte. Ich lege Dir zwei in der Abschrift bei.«[25] Eines davon war *Magie*, ein Gedicht, um das der Abschnitt 23 von Hannah Arendts *Vita activa* geschrieben ist. Es lautet:

> Aus unbeschreiblicher Verwandlung stammen
> solche Gebilde –: Fühl und glaub!
> Wir leidens oft: zu Asche werden Flammen;
> doch, in der Kunst: zur Flamme wird der Staub.
>
> Hier ist Magie. In das Bereich des Zaubers
> scheint das gemeine Wort hinaufgestuft …
> und ist doch wirklich wie der Ruf des Taubers,
> der nach der unsichtbaren Taube ruft.[26]

Und wieder fügt Hannah Arendt das Gedicht so in ihre Textpassage ein, daß in dessen Aufnahme Raum wird für einen neuen Gedanken: »Alles Verdinglichen ist Verwandlung und Transformation, aber die vergegenständlichende Verdinglichung, die das Kunstwerk dem ihm zugrundeliegenden Inhalt zufügt, ist eine Transfiguration, eine Metamorphose so radikaler Art, daß es ist, als könne in ihm der natürliche Lauf der Dinge umgekehrt werden – als gäbe es

Gebilde, die aus so ›unbeschreiblicher Verwandlung stammen‹, daß die Flammen des Herzens, in sie gerettet, nicht mehr zu Asche werden, ja daß noch der Staub der Vergänglichkeit in ein immerwährendes Feuer entflammt. Das, was das leuchtende Feuer in das Kunstwerk bannt, ist das sinnende Denken«.[27] In der Fußnote wird – was recht ungewöhnlich ist – das Gedicht komplett wiedergegeben. Abgeschrieben, nicht auswendig zitiert. Abgeschrieben also womöglich von der Abschrift Heideggers – »Der Text benutzt ein Gedicht von Rilke, das unter dem Titel ›Magie‹ diese Transfiguration der Kunst beschreibt«, so heißt es hier.[28]

Hannah Arendt »benutzt« etwas, das im Gedicht so nicht steht. Die Flammen, die dort benannt sind, müssen durchaus nicht die des Herzens sein. Zu »Zauber« fand Rilke als Reim den Tauber, der nach der unsichtbaren Taube ruft. Ein männliches ruft ein weibliches Subjekt. Des Reimes wegen … Also kann die Schreiberin diese Anordnung einfach umdrehen und nun ihrerseits den unsichtbaren Tauber jenseits des Atlantiks mit ihrem präzise konstruierten Echo rufen. Sie erinnert ihn an die Flammen des Herzens, die einmal brannten. Flammen, die aus dem Staub der Vergänglichkeit in etwas anderes verwandelt wurden. Wie in dieses Buch. Im Modus des »sinnenden Denkens«.[29] Mit dieser schönen, fast träumerischen Wendung wird Vergessenes nicht einfach wieder aufgerufen. Eine vergangene Wirklichkeit taucht auf, in der Taube und Tauber womöglich ein »Wissen« teilten, das der »unbeschreiblichen Verwandlung« noch nicht ausreichend unterlag. In der dem Unterschied zwischen Taube und Tauber, und sei es für Momente, keine grundsätzliche Bedeutung zukam. Die *Vita activa* erinnert an dieses »Wissen«. Verwandelt es. Bannt es in einen Text, damit es nicht dem Staub der Vergänglichkeit anheimfällt. Und verkehrt so auch den »natürlichen Lauf der Dinge«, in dem die Flammen des Herzens nicht ewig brennen.

~

Es hätte auch anders kommen können. Historisch, politisch und zwischen den Menschen. Nicht nur für Rilke war »das Jahr 1924 noch einmal ein Anfang«. Auch für Heidegger. Im März 1950 widmet er Hannah Arendt ein Gedicht, das »November 1924« überschrieben ist:

> November 1924
> Stürzte aus entzogenen Gnaden
> nur die eine mir noch zu!
> Daß auf allen künftigen Pfaden
> bis ins Herz der reinen Ruh
> immer wahrer ich bereue:
> mir erneue jene kindlich Scheue
> deren Blick Vertrauen klagte,
> ahnend dann, wie ich versagte.[30]

November 1924, Erinnerung an die erste Begegnung mit Hannah Arendt, an einen Anfang. Erinnerung an ein Versagen, die die frühere Geliebte wachruft, in dem sie ihm – noch einmal – vertrauend begegnet. Die fehlende Widmung der *Vita activa* antwortet diesem Gedicht:

> Re Vita activa:
> Die Widmung dieses Buches ist ausgespart,
> Wie sollte ich es Dir widmen,

dem Vertrauten,
dem ich die Treue gehalten
und nicht gehalten habe,
Und beides in Liebe.[31]

Ein *Divan*, der in keinem Saal hätte weitergesprochen werden können, wäre den Sprechern das Blatt entglitten. Beide
Texte waren bis vor kurzem in Hannah Arendts Nachlaß
verborgen. Der Wortlaut der »ausgesparten Widmung« von
Vita activa ist dem Adressaten wahrscheinlich nie bekannt
geworden.[32] Doch als das Buch 1960 erschien, ohne Widmung wie davor schon *The Human Condition*, erinnerte
Hannah Arendt den Freund noch einmal an den *Divan*, den
sie zusammen hätten schreiben können: »Lieber Martin, ich
habe den Verlag angewiesen, Dir ein Buch von mir zu schik-
ken. Dazu möchte ich Dir ein Wort sagen. Du wirst sehen,
daß das Buch keine Widmung trägt. Wäre es zwischen uns je
mit rechten Dingen zugegangen – ich meine *zwischen*, also
weder Dich noch mich –, so hätte ich Dich gefragt, ob ich es
Dir widmen darf; es ist unmittelbar aus den ersten Freiburger Tagen entstanden und schuldet Dir in jeder Hinsicht so
ziemlich alles. So wie die Dinge liegen, schien mir dies unmöglich; aber auf irgendeine Weise wollte ich Dir doch wenigstens den nackten Tatbestand sagen. Alles Gute!«[33]

Kühl der Ton, sehr kühl. Gerade auch im Rückblick auf
die »ersten Freiburger Tage« im Februar 1950. In den Briefen Heideggers aus dem ersten Jahr nach der Wiederbe-
gegnung – Hannah Arendts Briefe aus der Zeit sind nicht
überliefert – herrscht ein ganz anderer Ton. Sie sind musi-
kalisch gestimmt; in ihnen werden Sätze aus Instrumental-
musik in den Dialog gewoben. Der Brief vom 19. März zum

Beispiel ist »Bach, 3. Brandenburgisches Konzert / 2. Satz. Allegro« nachkomponiert.[34] Der folgende vom 12. April steht unter dem Motto: »Beethoven, Opus III. Adagio, Schluß«, wobei Heidegger hier auf ein Plattengeschenk Hannah Arendts antwortet.[35] Auf zwei weitere Musikstücke wird angespielt, auf den Schlußsatz des I. Brandenburgischen Konzerts[36] sowie auf das »herrliche Quartett« eines ungenannten Komponisten, das Hannah Arendt aus Basel nach Freiburg geschickt hatte: »Es ist schön, wie Du dann immer besonders nahe bist, wenn diese großgedachten Klänge durch meine Stube ihre Wellen schwingen lassen«, so schreibt Heidegger am 2. November 1950.[37] »Großgedachte Klänge« – diese Bezeichnung könnte sehr gut auf Beethovens späte Streichquartette passen. Mit einem Hinweis auf »Musik in unserem Sinne«, die von Musik »im Sinne der heutigen Moderne« abgegrenzt wird, verschwindet dieses Moment des Dialogs aus dem Briefwechsel.

Doch in Hannah Arendts großer Erinnerung an das Gespräch der frühen fünfziger Jahre taucht die Musik wieder auf. Sorgfältig in die *Vita activa* komponiert, bringt sie die menschliche Stimme ins Spiel. Kein »Sprachgesang und ganz aus dem Rhythmischen gewachsen«, wie beide Korrespondenten der Orffschen Musik übereinstimmend attestieren. Vielmehr »Musik in unserem Sinne«, thematisch, melodisch, mit Raum für die Stimme und ihre Bewegungen.[38] Melodisch, und das heißt vor allem auch, daß die Zeit der Musik nicht so sehr aus dem Rhythmus, sondern aus der komponierten Sprache entsteht. Daß ein Bogen gespannt wird ähnlich dem einer Erzählung. Anfang und Ende, unumkehrbar. Nicht Streicher und Bläser antworten sich wie in Bachs drittem *Brandenburgischen Konzert*, dem Heideggers

Brief nachkomponiert war, sondern Männer- und Frauen-stimmen. Ein Gesang, in dem deutsche, griechische und he-bräische Worte gleichsam übereinandergeschichtet wurden. Im Dialog menschlicher Stimmen.

Es sind Totengesänge, die hier aufgerufen werden. Gesän-ge, die einen Abschied begleiten. Doch gleichzeitig sind sie in einen Text komponiert, der in seinen so deutlichen Adressierungen auch wieder etwas eröffnet und ermöglicht. Diesen Gesang können die Stimmen im Saal, von denen in der Pasternak-Anekdote die Rede war, aufnehmen und als einzelne oder im Chor weitersprechen.

DANK

Für Rat und Tat, Ideen und Hinweise danke ich Beatrix
Borchard, Jürgen Busche, Wolfgang Heuer, Marie Luise
Knott, Ulrike Landfester, Ursula Ludz, Paul Mendes-Flohr,
Jakob Norberg, Renate Rüb, Thomas Schestag, Elke
Schmitter, Meike Werner und Michael Wildt. Mark Looney
half mir bei Recherchen und der Erstellung der Druckfas-
sung des Buches. Vanderbilt University, meine neue akade-
mische Heimat, unterstützte mich nicht nur materiell sehr
großzügig. Mein Dank gilt Chancellor Gordon Gee, Provost
Nick Zeppos und Dean Richard McCarty. Sie machten mir
das kostbarste Geschenk, das es gibt: Sie schenkten mir die
Zeit für »unexpected encounters«.

Berlin, im Juni 2005.

ANMERKUNGEN

Alle Texte Hannah Arendts werden im folgenden mit Kurztitel und ohne Autorname zitiert. Genauere Nachweise finden sich in der Bibliographie. Die Rechtschreibung in den Zitaten folgt der jeweiligen Druckvorlage.

WIE KANN JEMAND ZUM DENKER WERDEN

1 Nietzsche, *Menschliches. Allzumenschliches II. Der Wanderer und sein Schatten*, in: Nietzsche, *Werke*, Bd. 2, S. 695.

2 So ein Eintrag vom Juni 1968 im *Denktagebuch*, S. 687.

3 So Uwe Johnson in seinem Nachruf auf Hannah Arendt, eine Gedichtzeile aus Ingeborg Bachmanns *Alle Tage* aufnehmend; zitiert nach: Arendt/Johnson, *Briefwechsel*, S. 166.

4 *Denktagebuch*, S. 51.

5 *Über die Revolution*, S. 277.

6 Ebd., S. 360.

7 Arendt/Heidegger, *Briefe*, S. 193.

8 Hannah Arendt schrieb den kurzen Text, dem dieses Zitat entnommen ist, für die »Tabula gratulatoria«, die Martin Heidegger zu seinem Geburtstag überreicht wurde. Hier zitiert nach Arendt/Heidegger, *Briefe*, S. 193.

9 Wobei die »verwüstenden Sandstürme«, eine in Anschluß an Nietzsche gebaute Wendung, ein Selbstzitat sind. Mit einer ähnlichen Formulierung enden die *Ursprünge und Elemente totaler Herrschaft*; vgl. S. 978 f.

10 »Die Treue halten« ist ebenfalls ein Selbstzitat. Es nimmt die unge-
druckte Widmung der *Vita activa* an Martin Heidegger auf; vgl. Arendt/
Heidegger, *Briefe*, S. 319.

11 Ein beigelegter Brief an Elfride Heidegger trägt ein traditionelles
Datum: »den 25.12.69«; ebd., S. 197.

12 Ebd., S. 195. Diese Flaschenpost kam erst 1998 in der Öffentlichkeit
an.

13 *Sechs Essays*, S. 5 f.

14 *The Life of the Mind. Thinking*, S. 12. Die deutsche Übersetzung lautet:
»Unsere Situation nach dem Abtreten der Metaphysik und Philosophie
könnte also einen doppelten Vorteil bieten. Wir könnten, unbelastet und
ungeleitet von jeder Tradition, die Vergangenheit mit neuen Augen
sehen und damit an einen ungeheuren Schatz unbearbeiteter Erfahrungen herankommen, ohne an irgendwelche Behandlungsvorschriften gebunden zu sein. ›Notre héritage n'est précédé d'aucun testament (›Unserem Erbe ist kein Testament vorgeschaltet‹). Der Vorteil wäre noch
größer, ginge er nicht, fast unvermeidlich, mit einer wachsenden Unfä-
higkeit einher, sich im Reich des Unsichtbaren zu bewegen, auf welcher
Ebene es auch sei; oder, anders gesagt, ginge er nicht mit dem Verruf einher, dem alles nicht Sichtbare, Greifbare anheimgefallen ist, so daß wir
Gefahr laufen, mit unseren Traditionen auch die Vergangenheit selbst zu
verlieren.« *Vom Leben des Geistes*, S. 22.

15 »Home to Roost«, in: *Responsibility and Judgment*, S. 257.

16 Ebd., S. 264. »Image-Aufbau und Image-Pflege als Weltpolitik sind in
der Tat etwas Neues in dem wahrlich nicht kleinen Arsenal menschlicher
Torheiten, von denen die Geschichte berichtet«. »200 Jahre amerikanische Revolution«, in: *Zur Zeit*, S. 167.

17 »Home to Roost«, S. 269. »Nicht Amnestie, sondern Amnesie wird
alle unsere Wunden heilen.« »200 Jahre amerikanische Revolution«,
S. 172.

18 »Home to Roost«, S. 259. »Es ist durchaus möglich, daß wir an einem
jener entscheidenden Wendepunkte der Geschichte stehen, welche
ganze Epochen voneinander trennen. Für uns Zeitgenossen, die wir in
die unerbittlichen Anforderungen des täglichen Lebens verstrickt sind,
ist die Trennungslinie zwischen einem Zeitalter und dem nächsten beim
Überschreiten wahrscheinlich kaum sichtbar: erst nachdem die Menschen
darüber hinweggestolpert sind, wachsen die Linien zu Mauern empor,

hinter denen unwiederbringlich die Vergangenheit zurückbleibt.« »200 Jahre amerikanische Revolution«, S. 163.

19 Fragment vom August, September 1885, in: Nietzsche, *Werke*, Bd. 11, S. 678 f.

20 *The Life of the Mind. Willing*, S. 157 f. »Zweifellos hatte der personifizierte Begriff seine Wurzel in verifizierbarer Erfahrung, aber das Scheinreich der körperlosen Geister, die hinter dem Rücken der Menschen am Werke waren, nährte sich aus dem Heimweh nach einer anderen Welt, in der des Menschen Geist sich daheim fühlen konnte. Das also ist meine Begründung dafür, daß ich aus unseren Betrachtungen den deutschen Idealismus ausgeschlossen habe, jenes Gedankengebäude, in dem die reine metaphysische Spekulation vielleicht gleichzeitig ihren Höhepunkt und ihr Ende gefunden hat. Ich wollte nicht die Brücke des ›Regenbogens der Begriffe‹ überschreiten, vielleicht, weil ich dazu nicht genug Heimweh habe, jedenfalls aber, weil ich nicht an eine Welt glaube, sei es eine vergangene oder eine zukünftige, in der der menschliche Geist, ausgerüstet zum Rückzug von der Welt der Erscheinungen, jemals eine bequeme Heimstatt finden könnte oder sollte. Und mindestens bei Nietzsche und Heidegger war es gerade die Konfrontation mit dem Willen als einem menschlichen Vermögen und nicht mit einer ontologischen Kategorie, die sie zunächst veranlaßte, dieses Vermögen zu leugnen, und *dann* eine Wendung zu machen und ihr Vertrauen in diese geisterhafte Heimstätte personifizierter Begriffe zu setzen, die so offensichtlich vom denkenden und nicht vom wollenden Ich ›gebaut‹ und ausgeschmückt war.« *Vom Leben des Geistes*, S. 386.

21 *Über die Revolution*, S. 360 ff.

22 *On Revolution*, S. 285. »Diese Überlegungen sind umso bedeutender, als sie von der unfreiwilligen Selbstoffenbarung Zeugnis ablegen, von der Freude, in Wort und Tat ohne Zweideutigkeit und ohne Selbstreflexion zu erscheinen, die allem Handeln innewohnt. Doch sind sie möglicherweise zu ›modern‹, zu sehr auf sich selbst bezogen, um genau das zu treffen, das ›als Erbe ohne Testament auf uns gekommen ist‹. Sophokles schreibt in seinem Alterswerk *Ödipus auf Kolonos* die berühmten und furchterregenden Verse …«

23 Rede zu Martin Heideggers achtzigstem Geburtstag, zitiert nach Arendt/Heidegger, *Briefe*, S. 186.

1 *Ursprünge und Elemente totaler Herrschaft*, S. 970.

2 *The Human Condition*, S. 333.

3 *Vita activa*, S. 340.

4 *Denktagebuch*, S. 190.

5 *Denktagebuch*, S. 295. »›Experimental Notebook‹ eines Politikwissen-schaftlers: Um eine Politikwissenschaft zu begründen, muß man als erstes alle philosophischen Aussagen über den Menschen aufs neue unter dem Aspekt untersuchen, daß <u>Menschen</u> und nicht <u>der</u> Mensch die Erde be-wohnen. Die Politikwissenschaft verlangt eine Philosophie, für die es Menschen <u>nur</u> im Plural gibt. Ihr Gebiet ist die menschliche Pluralität. Ihre religiöse Quelle ist der zweite Schöpfungsmythos – nicht der von Adam und der Rippe, sondern: Als Mann und Weib schuf Er <u>sie</u>.« Ebd., S. 297.

6 *Denktagebuch*, S. 218. Im Fortgang dieser Passage heißt es: »Die Zah-lenreihe, sofern sie in eine wahrhaft wirkliche Unendlichkeit fortgeht, fängt daher auch erst mit der Drei an.« S. 220.

7 *Denktagebuch*, S. 219 f.

8 *Ursprünge und Elemente*, S. 970.

9 Bertolt Brecht, *Der Jasager. Der Neinsager*, in: Brecht, *Werke. Stücke* 3, S. 65.

10 Ebd., S. 71.

11 Ebd., S. 72.

12 *Denktagebuch*, S. 756.

13 An anderen Stellen wird Brecht im Totalitarismusbuch durchaus ge-nannt, und zwar immer kritisch. Immer aus der Perspektive, die Hannah Arendt später auch in ihrem Essay über Brecht einnimmt, in dem sie sei-nen Flirt mit der Macht in der DDR anprangert; vgl. *Benjamin. Brecht*.

14 *The Human Condition* hat einen anderen Anfang. Es beginnt mit einem von Menschen gemachten Flugobjekt, das am Himmel, in der Nähe der »heavenly bodies« kreist, »as though it had been admitted ten-tatively to their sublime company.« S. 1.

15 *Benjamin. Brecht*, S. 74.

16 Ebd., S. 87.

17 Diese Zusammenhänge hat Marie Luise Knott in ihrem Vortrag »Die verlorene Generation« ausgearbeitet.

18 *Denktagebuch*, S. 493 f.

19 In *The Life of the Mind. Willing* liest Hannah Arendt Nietzsches Schreiben als »thought-experiment, a literary genre surprisingly rare in our recorded history.« S. 160.

20 *The Life of the Mind* konnte Hannah Arendt nicht mehr druckfertig bearbeiten. Weder auf englisch noch auf deutsch. Beide Fassungen sind daher »Bearbeitungen«, weshalb hier die deutsche Übersetzung von Hermann Vetter zitiert wird; *Vom Leben des Geistes*, S. 429.

21 Ebd., S. 428. Hannah Arendt benutzt in der englischen Fassung die Wendung »shrouded in darkness and mystery«, und im nächsten Satz: »the haunted obscurity«, *The Life of the Mind. Willing*, S. 202.

22 *Vom Leben des Geistes*, S. 430. Übersetzung modifiziert.

23 Hier stütze ich mich dankbar auf Thomas Schestag, *Die unbewältigte Sprache*.

24 »Das Gewicht der historisch überlieferten Gründungslegenden für das jeweilige geschichtliche Selbstverständnis ist außerordentlich groß. Was die Männer der Revolution betrifft, so kommen eigentlich nur zwei solcher Legenden in Frage, die biblische Geschichte von dem Auszug der Kinder Israel aus Ägypten und Vergils Erzählung von den Wanderungen Äneas', nachdem er aus dem brennenden Troja entkommen war«. *Über die Revolution*, S. 263. Der erste, »gewichtige« Satz fehlt in der englischen Fassung; vgl. *On Revolution*, S. 206.

25 *Über die Revolution*, S. 275.

26 *Über die Revolution*, S. 276.

27 Arendt/Jaspers, *Briefwechsel*, S. 165. Brief vom 28.1.1949.

28 *Vom Leben des Geistes. Das Wollen*, S. 437 f.

29 Ebd., S. 441.

30 Hermann Vetter übersetzt »Menschen der Praxis«; vgl. ebd., S. 433.

31 Ebd., S. 431.

32 Ebd., S. 442. Dieses Zitat stand bereits am Ende von *Elemente und Ursprünge totaler Herrschaft*; vgl. S. 979. Die englische Erstausgabe endet dagegen mit der Apostelgeschichte.

33 *Vom Leben des Geistes*, S. 443.

34 Hier folge ich Thomas Wild, der die Arbeitsbibliothek von Uwe Johnson konsultiert hat. Demnach finden sich weder in der englischen noch in der deutschen Version des Buches Lesespuren oder gar Anstreichungen. Vgl. Thomas Wild, *»A propos deutsche Schriftsteller …«. Hannah Arendt und die deutschsprachige Literatur der Gegenwart*, S. 117 f.

35 Uwe Johnson, Typoskript der Rede zur Verleihung des Georg-Büchner-Preises 1971; Arendt/Johnson, *Briefwechsel*, S. 233. Vgl. auch die Druckfassung der Rede, für die die Passage leicht verändert wurde; S. 265.

36 Ebd., S. 65.

37 Ebd., S. 66. Brief vom 7. Februar 1972.

38 Ebd., S. 52.

39 Brief an Helen Wolff vom 10. August 1971; zitiert nach ebd., S. 55.

40 Ebd., S. 233.

41 Diese Szene hat Johnson dann doch nicht in seine *Jahrestage* aufgenommen; vgl. den Kommentar der Herausgeber des Briefwechsels, ebd.

DIE TITEL DER DINGE SIND DAS FÜRCHTERLICHSTE

1 Zitiert nach Elisabeth Young-Bruehl, *For Love of the World*, S. 267.

2 *Denktagebuch*, S. 96 f.

3 Young-Bruehl, *For Love of the World*, S. 200.

4 Arendt/Jaspers, *Briefwechsel*, S. 134.

5 Ebd., S. 158.

6 Jaspers, *Von der Wahrheit*, S. 25. *The Origins of Totalitarianism*, S. VII. Dazu schreibt Hannah Arendt an Karl Jaspers: »Dieser Satz traf mich mitten ins Herz, also darf ich ihn doch haben.« Und kurz darauf: »Solange ich das Motto nicht hatte, wußte ich, daß noch etwas fehlt; und dann schrieb ich die Vorrede aus der Stimmung des Mottos ganz anders, als ich sie ursprünglich geplant hatte, und wie befreit durch eben diesen Satz.« Arendt/Jaspers, *Briefwechsel*, S. 189 f.

7 Hannah Arendt spricht von »der grotesken Diskrepanz zwischen Ursache und Wirkung, die mit dem Zeitalter des Imperialismus einherging« oder von »den merkwürdigen Widersprüchen zwischen dem zynischen ›Realismus‹, zu dem sich totalitäre Bewegungen bekennen, und deren auffallender Verachtung aller Aspekte der Realität.«

8 »Und wenn es stimmt, daß in den Endstadien des Totalitarismus das absolut Böse zu Tage tritt (absolut, weil es sich nicht mehr aus für Menschen verstehbaren Gründen ableiten läßt), dann ist auch richtig, daß wir die wirklich radikale Natur des Bösen ohne dies nie erkannt hätten.« *The Origins of Totalitarianism*, S. VIII f.

9 *Elemente und Ursprünge*, S. 16.

10 *Denktagebuch*, S. 68–69. Ingeborg Nordmann und Ursula Ludz, die Herausgeberinnen des *Denktagebuchs*, vermuten: »Das, was hier in Anführungszeichen festgehalten wird …, könnte ein geplanter Titel für die deutsche Ausgabe von *The Origins of Totalitarianism* gewesen sein.« Ebd., S. 937.

11 *Denktagebuch*, S. 72.

12 Arendt/Jaspers, *Briefwechsel*, S. 310–311.

13 Ebd., S. 311.

14 Ebd., S. 223.

15 *Denktagebuch*, S. 295. »›Experimental Notebook‹ eines Politikwissenschaftlers: Um eine Politikwissenschaft zu begründen, muß man als erstes alle philosophischen Aussagen über den Menschen aufs neue unter dem Aspekt untersuchen, daß Menschen und nicht der Mensch die Erde bewohnen. Die Politikwissenschaft verlangt eine Philosophie, für die es Menschen nur im Plural gibt. Ihr Gebiet ist die menschliche Pluralität. Ihre religiöse Quelle ist der zweite Schöpfungmythos – nicht der von Adam und der Rippe, sondern: Als Mann und Weib schuf Er sie. Im Bereich der Pluralität, welcher der politische Bereich ist, muß man all die alten Fragen stellen – was ist Liebe, was ist Freundschaft, was ist Einsamkeit, was ist Handeln, Denken usw., aber nicht die eine Frage der Philosophie: Wer ist der Mensch, noch die Frage: *Was kann ich wissen, was darf ich hoffen, was kann ich tun?*« Ebd., S. 297.

16 Ebd., S. 756.

17 Arendt/Heidegger, *Briefe*, S. 319.

18 *Denktagebuch*, S. 797.

19 Ebd., S. 801.

20 Ebd., S. 301.

21 *Denktagebuch*, S. 523. »Liebe zur Welt. – Einleitung: Der gerissene Faden der Tradition als eine Art Rechtfertigung für das ganze Unternehmen. – Dann eine Reihe von Abhandlungen, die sich alle mit Einer Frage befassen: Was in der ›condition humaine‹ macht Politik möglich und notwendig? Oder: Warum ist Jemand und nicht vielmehr Niemand? (Die doppelte Bedrohung durch das Nichts und den Niemand.) Oder: Warum existieren wir im Plural und nicht im Singular?« Ebd.

22 *Das Leben des Geistes*, S. 146ff.

23 Ebd., S. 149. Hannah Arendt zitiert hier den Aphorismus Nr. 341 aus der *Fröhlichen Wissenschaft*; vgl. Nietzsche, *Werke*, Bd. 3, S. 570.

24 Ebd. Hannah Arendt überspringt diese Wendung aus Nietzsches Aphorismus in ihrem langen Zitat; vgl. *Vom Leben des Geistes*, S. 150.

25 *Denktagebuch*, S. 520. März 1955.

26 Nietzsche, *Werke*, Bd. 4, S. 380.

27 *Denktagebuch*, S. 524. April 1955.

28 *Was ist Politik*, S. 182 f.

29 *Denktagebuch*, S. 522.

30 *Was ist Politik*, S. 13, 17, 28, 35.

31 Ebd., S. 80.   32 Ebd., S. 123.

33 Die englische Ausgabe, *On Violence*, hat kein Inhaltsverzeichnis; die Ausflüge am Ende sind hier mit »Appendices« überschrieben.

34 Nur drei der sechs Essays waren 1957 u. d. T. *Fragwürdige Traditionsbestände im politischen Denken der Gegenwart* erschienen.

35 *Between Past and Future*, S. 5. In der Übersetzung von Ursula Ludz lautet die Passage: »Die Geschichte der Revolution – vom Sommer des Jahres 1776 in Philadelphia und dem Sommer 1789 in Paris bis zum Herbst 1956 in Budapest –, die politisch den innersten Kern der Geschichte des modernen Zeitalters ausmacht, könnte in Form einer Parabel geschrieben werden: als Erzählung von einem uralten Schatz, der unter den unterschiedlichsten Umständen jäh, unerwartet zum Vorschein kommt und unter mysteriösen Umständen wieder verschwindet, als wenn er eine Fata morgana sei. Es gibt in der Tat viele Gründe für den Glauben, daß der Schatz niemals eine Wirklichkeit, sondern vielmehr eine Luftspiegelung war; daß wir es hier nicht mit etwas Substantiellem zu tun haben, sondern mit einer Erscheinung; und der beste dieser Gründe ist, daß der Schatz bisher namenlos blieb. Ist in der Welt der Menschen und innerhalb ihrer Angelegenheiten auf der Erde, nicht im Weltraum, etwas existent, wenn es nicht mal einen Namen besitzt? Einhörner und Märchenköniginnen scheinen mehr Wirklichkeit zu haben als der verlorene Schatz der Revolution.« *Zwischen Vergangenheit und Zukunft*, S. 8 f.

EIN KUSS AUF DER BRÜCKE

1 *Denktagebuch*, S. 701. Ingeborg Nordmann hat mit diesem Traum ihr schönes Nachwort zum Briefwechsel Arendt/Blumenfeld begonnen; ich folge ihr dankbar. Vgl. Arendt/Blumenfeld, *Korrespondenz*, S. 349.

2 Kurt Blumenfeld wurde 1884 geboren und starb 1963.

3 Arendt/Blumenfeld, *Korrespondenz*, S. 166f.

4 Ebd., S. 220.

5 Ebd., S. 97f.

6 Ebd., S. 93.

7 Zu dieser Widmung schreibt Hannah Arendt: »Er [dieser Teil] gehört Dir sowieso, weil ich all das nie ohne Dich verstanden hätte.« Ebd., S. 83.

8 Ebd., S. 121.

9 Ebd., S. 137.

10 Ebd., S. 161f.

11 Ebd., S. 151.

12 Arendt/Heidegger, *Briefe*, S. 109.

13 Ebd., S. 183.

14 Ebd., S. 82.

15 Ebd., S. 90. Der Brief erinnert an »Gespräche auf den Wegen ins Waldtal«.

16 Ebd., S. 183.

17 Ebd., S. 190. »Wozu das Lachen gut ist, haben die Menschen offensichtlich noch nicht entdeckt, vielleicht weil ihre Denker, die seit eh und je auf das Lachen schlecht zu sprechen waren, sie dabei im Stich gelassen haben, wenn auch hie und da einmal einer über seine unmittelbaren Anlässe sich den Kopf zerbrochen hat.«

18 In die Rede zu Heideggers 80. Geburtstag webt sie die »finsteren Zeiten«, die sie von Brecht übernommen hat; vgl. ebd., S. 181.

19 Arendt/Blumenfeld, *Korrespondenz*, S. 164.

20 Arendt/Heidegger, *Briefe*, S. 210. Die Widmung ist auf S. 342 abgedruckt.

21 *Denktagebuch*, S. 797.

22 Arendt/Blücher, *Briefe*, S. 222.

23 Arendt/Blumenfeld, *Korrespondenz*, S. 47.

24 Ebd., S. 69.

25 Ebd., S. 239f.

26 *Denktagebuch*, S. 300.

27 *Benjamin. Brecht*, S. 85. Hier folge ich dankbar Überlegungen, die Marie Luise Knott in ihrem Vortrag »Die verlorene Generation« am 6. Mai 2005 auf der Tagung *Hannah Arendt und die Künste* im Literarischen Colloquium Berlin vortrug.

28 »Der Dichter Bertolt Brecht«, S. 601.

29 *Denktagebuch*, S. 301.

30 *Fragwürdige Traditionsbestände*, S. 117.

31 Ebd., S. 119.

32 Ebd., S. 162.

33 Ebd., S. 166 f.

34 *Between Past and Future*, S. 141.

35 *Fragwürdige Traditionsbestände*, S. 167.

36 Ebd., S. 168.

37 *Denktagebuch*, S. 301.

38 Nietzsche, *Morgenröthe*, in: Nietzsche, *Werke*, Bd. 3, S. 11.

39 *Denktagebuch*, S. 353 f.

40 Ebd., S. 354.

41 Ebd.

42 Ebd., S. 406.

43 Von ihm sind Briefe und Tonbänder seiner Vorlesungen überliefert; eine, in der Sokrates im Mittelpunkt steht, wurde transkribiert und veröffentlicht. Eine deutsche Übersetzung findet sich in Arendt/Blücher, *Briefe*, S. 567–579. In einem großen Brief an Hannah Arendt spricht Heinrich Blücher über sein »Schreibproblem«: »Ja, die gute Fee hat gesprochen, ›der Junge soll Urteilskraft haben‹, und die böse Fee hat unterbrochen und den Satz beschlossen, ›und sonst nichts‹. Dabei bleibt es wohl«; vgl. ebd., S. 211.

44 *Denktagebuch*, S. 295.

45 Ebd., S. 731.

46 Ebd., S. 573 bzw. 576.

47 Arendt/Blumenfeld, *Korrespondenz*, S. 49.

48 Arendt/Johnson, *Briefwechsel*, S. 320 f.

49 *Denktagebuch*, S. 51.

50 Ebd., S. 428.

51 Ebd., S. 373.

52 Ebd., S. 49.

53 Ebd., S. 50 f.

54 Arendt/Blücher, *Briefe*, S. 151 f.

1 So ein Eintrag vom Juni 1968 im *Denktagebuch*, S. 687.

2 Ebd., S. 249.

3 Ebd., S. 119.

4 Hannah Arendts frühere Gedichte wurden in der Biographie von Elisabeth Young-Bruehl veröffentlicht: vgl. *Hannah Arendt. For Love of the World*, S. 478–489.

5 »Zwischen der Mühsal der Arbeit, für die das körperliche Lebendigsein zur Last und Bürde des Menschsein wird, und den ›heillosen Schmerzen im leiblichen Geweb‹, bestehen nur Gradunterschiede der Intensität, denn ihre ›Höllischkeit‹ – die Arbeitshölle oder die Schmerzenshölle – liegt gerade darin, daß sie, was den Menschen als ein weltliches Wesen anlangt, ›nicht von hier‹ sind – ein ›Grimm der Hölle nicht von hier‹ (Rilke).« *Vita activa*, S. 106. In der englischen Fassung fehlt diese Passage; das Rilke-Gedicht wird in *The Human Condition* auf S. 314 zitiert.

6 *Vita activa*, S. 158.

7 *Denktagebuch*, S. 525 f. Die Herausgeberinnen übersetzen die Passage folgendermaßen: »Ad Passionen (Leiden, Leidenschaften): Passion (Leiden) ist das genaue Gegenteil von Aktion (Tun). Wie Mut die Tugend des Tuns ist, so ist Dulden die Tugend des Leidens. Passion ist immer mit Liebe verbunden; … Dichtung entsteht aus Leiden. Erduldetes Leid wird sich in Erinnerung bringen, will die Dauer, für Handeln oder Denken ist Darüber-schreiben wie ein Nach-denken.« Ebd., S. 526 f.

8 *Ich will verstehen*, S. 47.

9 *Denktagebuch*, S. 214.

10 Rainer Maria Rilke, *Werke*, Bd. 3, S. 224. Die zweite Strophe lautet: »Höchstens Wind in Deinem Blumengrunde, / höchstens weichen Regens Niederfall –, / oder, plötzlich, in der freisten Stunde, / beides: Fangender und Ball.«

11 *Denktagebuch*, S. 191 f.

12 Beim zweiten Besuch Hannah Arendts in Freiburg im Sommer 1952 kam es zu einem Konflikt mit Elfride Heidegger. Vgl. Heideggers Brief an Hannah Arendt vom 5. Juni 1952, wo es heißt: »Es ist gut, wenn Du jetzt *nicht schreibst* und auch *nicht vorbei* kommst. Es ist alles *schmerzlich und schwierig*. Aber wir müssen es tragen.« Arendt/Heidegger, *Briefe*, S. 136.

Bereits kurz nach der zitierten Eintragung im *Denktagebuch*, möglicherweise noch auf dem Schiff nach Europa geschrieben, entstand ein Gedicht, mit ›wehem Herzen‹ wohl auch in Blick auf das Wiedersehen mit
Heidegger geschrieben. Es lautet: »Zwei Jahre in ihren Gezeiten / Von
Stunden und Tagen erfüllt. / Sie kommen und sie entgleiten / Im Gischt,
der das Schiff umspült. // Erst trugen sie mich über die Wellen, / Entfal-
teten dann gross ihren Schmerz. / Nun lassen sie mich ohne Gesellen /
Zurück mit vereinsamtem Herz.« *Denktagebuch*, S. 194.

13 Hier stütze ich mich sehr dankbar auf Gedanken, die Marton Dornbach mir in einer E-Mail vom 15. Juni 2005 gegeben hat.

14 *Denktagebuch*, S. 51.

15 Ebd., S. 126.

16 Ebd., S. 467. Eintrag vom Februar 1954.

17 Ebd., S. 91 f. Eintrag vom Juni 1951.

18 *Das Leben des Geistes*, S. 126 f. In der englischen Version führt Hannah
Arendt diese Heidegger-Sentenz auf deutsch ein; vgl. *The Life of the
Mind. Thinking*, S. 122.

19 Vgl. *The Human Condition*, S. 314.

20 *Ich will verstehen*, S. 58 f. In einem Brief an Jaspers vom 19.2.1953
schreibt sie, daß »die mir liebsten Gedichte« in dieser Sprache, dem Deutschen, geschrieben wurden. Arendt/Jaspers, *Briefwechsel*, S. 243.

21 Marton Dornbach in einer E-Mail vom 15. Juni 2005.

22 »Und wenn ich je bewußt etwas für die europäische Zivilisation
getan habe, so lag dies in nichts anderem als der ausdrücklichen Absicht,
meine Muttersprache nicht gegen irgend eine andere Sprache auszu-
tauschen, wurde sie mir zum Gebrauch angeboten oder aufgezwungen.
Es schien mir, daß für die meisten Menschen, d.h. all jene, die keine
spezielle Begabung für Fremdsprachen besitzen, die Muttersprache der
einzig verläßliche Maßstab all jener Sprachen bleibt, die später durch
Lernen erworben werden – und dies aus einem einfachen Grund. Die
Worte, die wir in der Alltagssprache verwenden, erhalten ihr spezifisches
Gewicht, welches unseren Gebrauch bestimmt und uns vor gedanken-
losen Klischees bewahrt, durch die vielfältigen Assoziationen, die sich
automatisch einstellen und dem einmaligen Schatz großer Dichtung
entstammen, mit dem diese Sprache und keine andere gesegnet ist«. Hier
wie bei der folgenden Passage stütze ich mich auf Ursula Ludz' Übersetzung der Rede, die im Herbst 2005 in einer Hannah Arendt gewid-

meten Ausgabe der Zeitschrift *Text und Kritik* erscheinen wird. Die Son-
ning-Prize-Speech wird hier nach dem Typoskript in Hannah Arendts
Nachlaß zitiert. Eine Druckfassung mit dem Titel »Prologue« findet sich
in: *Responsibility and Judgment*, hier S. 5.

23 Hannah Arendt spricht hier im Rückblick auf die Weimarer Republik.

24 »Es war das Jahrzehnt, in dem Heidegger das Man als Gegenbegriff
zum ›eigentlichen Selbstsein‹ entdeckte; als Bergson in Frankreich das
›fundamentale Ich von den Bedürfnissen des sozialen Lebens im allgemeinen und der Sprache im besonderen‹ wieder zurückgewinnen muß-
te, und als W. H. Auden in England in vier Zeilen das ausdrückte, was
vielen beinahe so geläufig war, daß es nicht hätte ausgesprochen werden
müssen: ›Alle Worte wie Frieden und Liebe, / alle vernünftig-zustim-
mende Rede / wurden beschmutzt, profaniert und heruntergezogen /
auf ein schreckliches, mechanisches Gekreisch‹.

Solche Neigungen – Idiosynkrasien?, Geschmacksfragen? –, die ich historisch zu datieren und als Tatsache zu erklären suchte, sind meist sehr
folgenreich, wenn man sie in seinen prägenden Lebensjahren aufnimmt.
Sie können zu einer Leidenschaft für das Geheimnis und die Anonymität
führen, als ob nur das für Sie persönlich Bedeutung hätte, was geheim
gehalten werden kann: ›Versuche nie, von Deiner Liebe zu erzählen, von
der Liebe, die nie erzählt werden kann‹; und als ob sogar ein in der
Öffentlichkeit bekannter Name, d. h. als ob *Ruhm*, Sie nur mit Heideggers Man, mit Bergsons sozialem Selbst beflecken und Ihre Rede mit
Audens schrecklichem, mechanischem Gekreisch korrumpieren könne.«
»Prologue«, *Responsibility and Judgment*, S. 9 f.

25 Bachwerkeverzeichnis 518. Aria di Giovannini. Im *Notenbüchlein* ist es
die Nummer 37.

UND ES GESCHAH

1 *Die ungarische Revolution und der totalitäre Imperialismus*, S. 34. Hannah
Arendt zitiert hier eine Passage aus einem Artikel von Leon Leneman aus
L'Express vom 26. Juni 1958; vgl. Anmerkung 14, S. 69.

2 Ebd., ohne Seite.

3 Hannah Arendts Aufsatz »Totalitarian Imperialism: Reflections on

the Hungarian Revolution« war bereits im Februar 1958 im *Journal of Politics*, No 1 (vol. 20), S. 5–43, erschienen. Da der Artikel von Leon Leneman erst im Juni diesen Jahres veröffentlicht wurde, konnte er hier noch nicht zitiert werden. Doch auch in der erweiterten Fassung der *Origins of Totalitarianism* von 1958, in die Hannah Arendt diesen Text aufnahm, fehlt sie. Für diesen Hinweis danke ich Wolfgang Heuer.

4 Ursula Ludz merkt dazu in ihrer kommentierten Bibliographie der Arbeiten Hannah Arendts an: »H. A. hat die deutsche Fassung auf der Grundlage einer Rohübersetzung von Charlotte Beradt geschrieben.« *Ich will verstehen*, S. 290.

5 *Vita activa*, hier S. 306. Im Englischen heißt es: »Life as the Highest Good«, Adjektiv und Substantiv also in die ›richtige‹ Reihenfolge gebracht; vgl. *The Human Condition*, S. 286.

6 Friedrich Schiller, *Die Braut von Messina oder Die feindlichen Brüder*. Das Drama endet mit dem zitierten Satz, den der Chor spricht.

7 *Vita activa*, S. 307.

8 Vgl. Lukas 9:55.

9 *Vita activa*, S. 307f.

10 Vgl. Homer, Ilias 9:443.

11 *Vita activa*, S. 162.

12 Vgl. Petrus I:24/25: »Denn ›alles Fleisch ist wie Gras und alle Herrlichkeit der Menschen wie des Grases Blume. Das Gras ist verdorrt und die Blume abgefallen; aber des Herrn Wort bleibt in Ewigkeit.‹« Bei Jesaja 40: 6/7 heißt es: »Alles Fleisch ist Gras, und alle seine Güte ist wie die Blume auf dem Felde. Das Gras verdorrt, die Blume verwelkt; denn des Herrn Geist bläst darein. Ja, das Volk ist Gras.«

13 In den *Musikalischen Exequien* wurde, wie als Bestätigung dieser Vermutung, auch der Psalm 90, »Unser Leben währet siebzig Jahr«, vertont.

14 *Vita activa*, S. 154.

15 Ebd., S. 157f. Auch hier fehlen in der englischen Fassung alle literarischen Anspielungen: »Of all things of thought, poetry is closest to thought, and a poem is less a thing than any other work of art; yet even a poem, no matter how long it existed as a living spoken word in the recollection of the bard and those who listened to him, will eventually be ›made,‹ that is, written down and transformed into a tangible thing among things, because rememberance and the gift of recollection, from which all desire for imperishability springs, need tangible things

to remind them, lest they perish themselves.« *The Human Condition*, S. 149.

16 Martin Heidegger: »... dichterisch wohnt der Mensch ...«. In: Martin Heidegger, *Vorträge und Aufsätze*.

17 Arendt/Heidegger, *Briefe*, S. 139.

18 Ebd., S. 155.

19 Ebd., S. 98.

20 Man könnte sagen, daß die Verfasserin nun tut, was Suleika in *Unbegrenzt* ankündigt, wo es in der vierten Strophe heißt: »Hafis, mit dir, mit dir allein / Will ich wetteifern!«

21 Wie alle zwölf »Bücher« des *West-östlichen Divans* wird auch das erste mit wenigen Versen eingeleitet, die – typographisch abgesetzt und mit keiner Überschrift versehen – wie Motti gelesen werden könnten. Es beginnt: »Zwanzig Jahre ließ ich gehen / Und genoß, was mir beschieden«. Im Licht dieses Mottos wird die Adressierung des Textes an Heidegger noch schärfer deutlich: Er ist es, den sie zwanzig Jahre »gehen ließ«. Doch nun ist die Zeit einer neuen Begegnung, auf anderer Grundlage.

22 Diesen Text las Hannah Arendt bereits im Manuskript, das sie mit Kommentaren versah; vgl. Arendt/Heidegger, *Briefe*, S. 303. Siehe dazu auch die Eintragung vom November 1951; *Denktagebuch*, S. 143 f.

23 Heidegger, *Vorträge und Aufsätze*, S. 146.

24 Ebd., S. 147.

25 Arendt/Heidegger, *Briefe*, S. 125 f.

26 Vgl. ebd., S. 302.

27 *Vita activa*, S. 156.

28 Ebd., S. 352.

29 Ebd., S. 156.

30 Arendt/Heidegger, *Briefe*, S. 86.

31 Ebd., S. 319.

32 »Im NL [Nachlass] Arendt befindet sich ... ein kleiner Notizzettel ..., auf den H. A. mit Tinte die folgende Widmung geschrieben hatte ... Es ist davon auszugehen, daß sie die Widmung nicht abgeschickt hat«, so Ursula Ludz im Kommentar zum entsprechenden Brief Hannah Arendts vom 20. Oktober 1960, in dem sie Heidegger ein Exemplar der *Vita activa* ankündigt. Ebd., S. 319.

33 Ebd,. S. 149.

34 Ebd., S. 89.

35 Ebd., S. 93 f.

36 Ebd., S. 118. Brief vom 6. Oktober 1950.

37 Ebd., S. 119. Im Dezember 1950 steht »ein Plattenspieler am Fenster«, so daß »Deine Platten erst zum vollen schönen Klingen kommen können.« S. 121.

38 Brief vom 1. April 1951; ebd., S. 125. Die Formulierung bezieht sich auf Carl Orffs *Antigone*, die Heidegger zweimal in München gehört hatte. Auf die Eindrücke von Musik und Inszenierung, die Heidegger im Brief vom 6. Februar 1951 mitteilt, hat Hannah Arendt in einem nicht überlieferten Brief geantwortet – mit Hinweisen auf »Musik in unserem Sinne« im Unterschied zur Orffschen, »wie Du richtig vermutest«. Viele Jahre später, zu einer Zeit, in der der Briefwechsel mit Heidegger unterbrochen ist, notiert Hannah Arendt in ihr *Denktagebuch*: »Ad Orff, *Antigone*: Als sei alles darauf angelegt, uns zum Ertönen zu bringen. Wir aber verschliessen uns, verstummen und klagen nicht. Antigone – die klagende, tönende, menschliche Stimme, in der alles offenbar wird.« Februar 1956. *Denktagebuch*, S. 563.

BIBLIOGRAPHIE

TEXTE VON HANNAH ARENDT

Benjamin. Brecht. Zwei Essays, München 1971.

Between Past and Future. Eight Exercises in Political Thought, New York 1968.

Denktagebuch. 1950–1973. 2 Bde., hrsg. von Ursula Ludz und Ingeborg Nordmann, München–Zürich 2002.

Die ungarische Revolution und der totalitäre Imperialismus, München 1958.

Die verborgene Tradition. Acht Essays, Frankfurt/Main 1976.

Elemente und Ursprünge totaler Herrschaft, Frankfurt/Main–Berlin–Wien 1980.

Fragwürdige Traditionsbestände im politischen Denken der Gegenwart. Vier Essays, Frankfurt/Main 1959.

Ich will verstehen. Selbstauskünfte zu Leben und Werk, hrsg. von Ursula Ludz, München–Zürich 1996.

Lectures on Kant's Political Philosophy, hrsg. und mit einer Einleitung von Ronald Beiner, Brighton 1982.

Macht und Gewalt, München–Zürich [16]2005.

Men in Dark Times, San Diego–New York 1968.

Menschen in finsteren Zeiten, hrsg. von Ursula Ludz, München–Zürich 1989.

On Revolution, New York 1963.

On Violence, New York 1970.

Rahel Varnhagen. Lebensgeschichte einer deutschen Jüdin aus der Ro-
    mantik, München [11]2001.

Responsibility and Judgment, hrsg. von Jerome Kohn, New York 2003.

Sechs Essays, Heidelberg 1948.

The Burden of our Time, London 1951.

The Human Condition, Chicago 1958.

The Life of the Mind, hrsg. von Mary McCarthy, San Diego–New York
    1978.

The Origins of Totalitarianism, New York 1951.

»Totalitarian Imperialism: Reflections on the Hungarian Revolution«,
    in: Journal of Politics, Nr. 1 (vol. 20), 1958, S. 5–43.

Über die Revolution, München 1968.

Vita activa oder Vom tätigen Leben, München 1981.

Vom Leben des Geistes. Das Denken. Das Wollen, hrsg. von Mary
    McCarthy und übersetzt von Hermann Vetter, München–Zürich
    1998.

Was ist Politik? Fragmente aus dem Nachlaß, hrsg. von Ursula Ludz und
    mit einem Vorwort von Kurt Sontheimer, München–Zürich 2003.

Zur Zeit. Politische Essays, hrsg. von Marie Luise Knott, übersetzt von
    Eike Geisel, Berlin 1986.

Zwischen Vergangenheit und Zukunft. Übungen im politischen Den-
    ken I, hrsg. von Ursula Ludz, München–Zürich [2]2000.

Arendt, Hannah/Blumenfeld, Kurt, ›... in keinem Besitz verwurzelt‹.
    Die Korrespondenz, hrsg. von Ingeborg Nordmann und Iris Pilling,
    Berlin 1995.

Arendt, Hannah/Blücher, Heinrich, Briefe. 1936–1968, hrsg. und mit
    einer Einführung von Lotte Köhler, München–Zürich 1996.

Arendt, Hannah/Heidegger, Martin, Briefe 1925 bis 1975 und andere
    Zeugnisse, aus den Nachlässen herausgegeben von Ursula Ludz,
    Frankfurt/Main 1998.

Arendt, Hannah/Jaspers, Karl, Briefwechsel 1926–1969, hrsg. von Lotte
    Köhler und Hans Saner, München–Zürich 1985.

Arendt, Hannah/Johnson, Uwe, Der Briefwechsel, hrsg. von Eberhard
    Falke und Thomas Wild, Frankfurt/Main 2004.

Brecht, Bertolt, Werke, hrsg. von Werner Hecht, Jan Knopf, Werner Mittenzwei, Klaus Detlef Müller, Berlin–Weimar–Frankfurt/Main 1988 ff.

Hahn, Barbara, Reflections on Love and Friendship in Hannah Arendt's »Denktagebuch«, The Herold Jantz Lecture. Oberlin College, November 2004.

Heidegger, Martin, Sein und Zeit, Tübingen [16]1986.

Heidegger, Martin, Vorträge und Aufsätze, Stuttgart 1954.

Heidegger, Martin, Zur Sache des Denkens, Tübingen 2000.

Heuer, Wolfgang, Hannah Arendt, Reinbek 1987.

Jaspers, Karl, Von der Wahrheit, München 1947.

Knott, Marie Luise, »Die verlorene Generation«, Vortrag, gehalten am 6. Mai 2005 auf der Tagung *Hannah Arendt und die Künste,* Literarisches Colloquium Berlin.

Nietzsche, Friedrich, Werke. Studienausgabe, hrsg. von Giorgio Colli und Mazzino Montinari, München 1988.

Nordmann, Ingeborg, Hannah Arendt. Zur Einführung, Frankfurt/Main 1994.

Rilke, Rainer Maria, Gesammelte Werke, 6 Bde., hrsg. vom Rilke-Archiv in Verbindung mit Ruth Sieber-Rilke, Frankfurt/Main 1987.

Schestag, Thomas, Die unbewältige Sprache. Hannah Arendts Theorie der Dichtung, unveröffentlichtes Typoskript.

Villa, Dana, Arendt and Heidegger. The Fate of the Political, Princeton 1996.

Wild, Thomas, »A propos deutsche Schriftsteller …« Hannah Arendt und die deutschsprachige Literatur der Gegenwart, Phil. Diss., München 2005.

Young-Bruehl, Elisabeth, Hannah Arendt. For Love of the World, New Haven–London 1982.